同心圆组织

以用户为中心的极简组织

李践 著

机械工业出版社

CHINA MACHINE PRESS

本书深入探讨了在用户主权时代，企业如何构建以用户为中心的同心圆组织，从而实现组织的高效运作和持续发展。本书首先剖析了传统组织架构的弊端，提出了以用户为中心的同心圆组织架构；其次按照组织的"顶层设计—架构设计—流程设计—岗位设计—迭代升级"的顺序，详细讲解了如何搭建同心圆组织，并提出了组织的迭代升级模型，让组织定期"归零"，实现动态升级。本书不仅提供了系统的理论框架，还结合了大量实际案例和操作方法，具有很强的实用性和可操作性，是企业一号位、组织变革者和管理学研究者的必备读物。

图书在版编目（CIP）数据

同心圆组织 ： 以用户为中心的极简组织 / 李践著.
北京 ： 机械工业出版社，2025. 7. -- ISBN 978-7-111
-78229-2

Ⅰ. F272.3-49

中国国家版本馆CIP数据核字第2025C9W846号

机械工业出版社（北京市百万庄大街22号 邮政编码100037）
策划编辑：康 宁　　　　　责任编辑：康 宁
责任校对：梁 园 刘雅娜　　责任印制：任维东
北京科信印刷有限公司印刷
2025年7月第1版第1次印刷
140mm×203mm·7.125印张·3插页·105千字
标准书号：ISBN 978-7-111-78229-2
定价：79.00元

电话服务　　　　　　　　　网络服务
客服电话：010-88361066　　机 工 官 网：www.cmpbook.com
　　　　　010-88379833　　机 工 官 博：weibo.com/cmp1952
　　　　　010-68326294　　金 书 网：www.golden-book.com
封底无防伪标均为盗版　机工教育服务网：www.cmpedu.com

自　序
PREFACE

2024 年 11 月 12 日，美国当选总统特朗普宣布，埃隆·马斯克与维韦克·拉马斯瓦米将在他就任总统后共同领导拟成立的"政府效率部"，将"为拆解政府官僚机构铺平道路，削减多余的监管法规和浪费的开支，并重组联邦机构"。11 月 20 日，马斯克与拉马斯瓦米在《华尔街日报》发表了一篇专栏文章，详细介绍了他们改革美国联邦政府的计划，包括大规模裁减联邦机构、削减相关组织补贴等。

两人在这篇文章中写道："特朗普总统要求我们两人领导即将成立的政府效率部，以削减联邦政府的规模。根深蒂固、不断膨胀的官僚结构对我们的共和国构成了生存威胁，而政客们对其纵容已久……大幅减少联邦法规，将为整个联邦官僚机构大规模裁员提供合理的逻辑。政府效率部将确定各机构履行宪法允许和法定授权职能所需的最低雇员人数。要削减的联邦雇员数量至少应该与被废除的联邦法规数量成比例：不仅可以用更少的员工来执行更少的法规，而且一旦机构的权力范围得到适当限制，它就会制定更少的法规。"

在此之前，马斯克就曾在接受媒体采访时公开表示要精简政府部门，他支持将联邦政府机构的数量削减约75%，在大约428个机构中"留99个就够了"。其实，马斯克曾多次公开抨击过美国政府部门的效率过慢，最典型的案例就是美国效率与上海特斯拉超级工厂建设效率的差异。这家工厂的面积是美国五角大楼的三倍，但在上海只用了11个月就完成建设并投入使用了。这就是中美效率的巨大差距。而马斯克本就以追求极致效率而闻名，无论是在其创立的特斯拉、SpaceX，还是在其收购的推特，他都以组织变革和流程优化闻名。2022年被他收购时，推特大约有8000人，而现在只有1000人左右。

在美国拟裁减联邦机构这则新闻轰动全球之时，我正在写作本书，而本书讨论的正是金字塔组织架构已经无法满足当下组织发展的新需求，时代正在迫切呼唤新的组织模型。金字塔组织的积弊就是层次繁多、机构臃肿，官僚主义且低效。这种情况不仅体现在国家层面，在企业中亦屡见不鲜。事实上，任何一个组织早期并不繁复，但随着时间的推移，就逐渐臃肿起来，这是组织发展的必然规律。倘若组织的领导者没有关注这个问题，并主动对组织进行设计和管理，那么这个组织必然走向低效和衰亡。

企业是商业组织，商业的本质是效率，而效率的源头是组织。遗憾的是，我在对行动教育服务的大量企业的观察中发现，许多企业发展到一定阶段时遇到的最大挑战是组织层面的瓶颈。也就是说，今天大部分企业增长乏力，其实不是卡在战略上，而是卡在组织上——卡在组织设计和组织管理上。

我们希望企业家能看到组织的两面性。一面是"组织之利"，只有通过组织才能形成企业的整体竞争力，它是一切创造的源头。组织就像一艘船，当船上所有人一条心，朝着一个方向前进时，这艘船就能更快地到达彼岸。另一面是"组织之害"，如果一号位没有对组织进行设计

和管理，那么这艘船就可能出问题。十多年前，我从行动教育历史上唯一一次亏损危机中看到了"组织之害"，看到了藏匿在组织背后的人性的消极面，看到了一号位在组织设计上的缺位，看到了一号位在组织设计和组织管理上的认知遮蔽和无能为力，看到了传统的金字塔组织带来的思维惯性及其造成的严重后果。基于此，十多年来我一直以行动教育为实践样本，探索如何进行组织变革和组织设计，以构建一个真正以用户为中心的极简组织，构建一个人人都能创造用户价值的高绩效组织。

令人欣喜的是，当我开始认真研究组织这个课题，亲自动手做组织设计，并把组织变革作为一个组织管理的常态化手段时，我惊喜地发现组织正在变得越来越精简和高效。多年来，行动教育的人数一直在精简，而收入和利润却在大幅增长，人效的增长尤为突出。这些成果的背后，都离不开组织变革的功劳。这也是我写这本书的原因，我希望能将自己十多年来组织变革的经验和教训萃取出来，让更多企业家认识到组织设计问题的紧迫性，也为大家探索组织变革提供一点参考。

说到这里，就绕不开一个关键问题：为什么组织设计这个问题在当下变得如此紧迫呢？这与时代的变化密不可分。外部环境的变化让企业的经营逻辑发生了转变：过去四十年，中国企业的焦点一直放在供给侧，因此整个组织设计都是以产品为中心的。在产品主权时代，它当然是一个有效的解决方案。这就使得今天大多数企业仍然沿用的是一百多年前工业时代的金字塔架构。然而，随着产品过剩时代的到来，今天企业的挑战从供给侧转向需求侧，财富的源头也从产品端转向了用户端，所有人都在争夺用户。在用户主权时代，以产品为中心的金字塔组织已经不能满足企业发展的需求。因此，组织设计的底层逻辑也要从以产品为中心转向以用户为中心，整个组织的设计必须从用户端切入。这就引出了本书的主题：以用户为中心的同心圆组织。

然而，构建以用户为中心的同心圆组织并不容易。在经营实践中，许多企业都宣称要以用户为中心，但很多只停留在口头上，没有真正地付诸组织设计层面的努力，没有在组织架构、流程、岗位设计上真正做到以用户为中

心，那么以用户为中心就会沦为一句空话。事实上，经过连续十年的组织变革实践，我们发现以用户为中心的组织设计是一项系统工程。并且，这项系统工程的总设计师和施工者必须是组织一号位。也就是说，一号位必须一手抓业务增长，一手抓组织设计。

现在关键问题来了：如果你想打造一个以用户为中心的组织，究竟该如何行动呢？本书给出了一个组织设计的导航图。

- 第一步：组织的顶层设计。一个组织要有共同的信仰——共同的使命、愿景、价值观，这些顶层设计决定了组织成员的思维和行为，也是组织发展的底层动力源。

- 第二步：组织的架构设计。组织是为满足用户需求而存在的，因此组织架构也要从以产品为中心的金字塔架构转向以用户为中心的同心圆架构。

- 第三步：组织的流程设计。组织流程也要从产品流转向业务流，基于用户关键接触点来重新设计流程，并基于流程来定义每个部门的责权利。

- 第四步：组织的岗位设计。如何保证岗位精简呢？一号位一定要抓到最小单元，让每个岗位"独奏"，保证人人一张岗位损益表，人人都是价值创造者。

- 第五步：组织的迭代升级。组织熵增是人性决定的，因为组织依赖人，同时人性的消极面也会对组织产生反作用。所以，组织必须进行定期瘦身和升级，以此来对抗组织熵增。

在寻找组织变革解决方案的过程中，我阅读了大量相关书籍。但我发现极少有人认识到组织设计本身的价值，大多数人一上来就奔着人去。其实，真正的高手一定是先抓组织，而不是抓人。打个不恰当的比喻，人充其量只是树叶和花朵，而组织才是树干和树枝。如果一棵树的树干和树枝都没有长好，怎么可能长出茂盛的叶子和美丽的花朵呢？因此，作为一号位，在抓人之前，你一定要先打通组织的"顶层设计—架构设计—流程设计—岗位设计"的完整闭环，用这套闭环体系打造出一个真正以用户为中心的极简组织，再来解决人的问题。

因此，这本书不只是揭示组织设计问题，更是要通过组织设计这个载体掀起一场组织管理的革命。正如一百多年前泰勒提出的科学管理理论对整个管理的逻辑进行了重构，这本书也希望以组织设计和组织管理为抓手，激发人的能动性，抑制人性的消极面，进而实现组织管理效能的最大化。从这个角度来讲，本书不是对组织变革的简单探索，而是对管理效能的一种革命性思考。

李践

2025 年 1 月于上海

目 录
CONTENTS

第3章 组织的架构设计：
▇▇▇▇ 从金字塔到同心圆 **097**

第4章 组织的流程设计：

第5章 组织的岗位设计：

第 1 章

组织的另一面：

从"组织之利"到"组织之害"

组织之殇：企业规模越大，人均产出越低

在四十年的职业生涯中，我服务了数以万计的企业。在这个过程中，我发现了一个有意思的现象：大多数企业规模越大，人均产出越低。这些企业看似做大了，实则利润并没有增长，只是人多了。但是，人多并不意味着会带来更高的产出，组织"更大"并不意味着"更好"。

不久前，我服务了一家从事畜禽养殖的上市公司。这家企业有员工2万多人，年营收高达300多亿元，利润却屈指可数，甚至2024年还可能面临亏损。在与这家公司的创始人交流的过程中，我问他："你们目前想要解决什么问题？"

他给不出明确的答案，只是含糊地提到了员工效率低下以及执行力不强的问题。

我看他很为难，于是引导他："你们公司的战略清晰吗？"

他非常坚定地回答："很清晰！"

我接着问道："如果战略很清晰，那么团队都理解战略吗？"

他点头道："都理解！"

"那团队的管理能力怎么样呢？"

"这个问题就见仁见智了！但我创业二十多年来，引进了不少管理大师的管理方法，并且把这些管理方法都完全落地下去了，所以我们的管理体系是很强的……"

听到这个回答，我一时语塞。真正评估一个企业组织管理能力高低的，从来不是引进了哪些管理体系，而是最终的经营成果：企业能持续赢利吗？组织人效在持续增长

吗？这些指标才是衡量一个组织是否高效的核心指标。如果你的企业人均利润远远高于行业标杆，那么它就是一个有竞争力的组织，因为你用更少的投入获得了更高的产出。否则，任何花拳绣腿都无法掩饰组织的低效。

　　再深入交流下去，我发现这位创始人根本不知道问题出在哪里，他甚至认为公司效益差只是受大环境影响，可能过了今年形势就会好转。毋庸置疑，这位创始人忽视了一个关键问题：组织设计。因为我的每一段创业经历都面对的是纯粹的市场化竞争，所以我的组织设计能力很容易就能得到检验。一旦我的组织设计发生错位，我很快就发现赚不到钱，公司就垮了。过去四十年，伴随着中国经济的快速发展，不少企业踩在时代的风口上把企业做大了，但高速增长掩盖了组织设计的问题。这就是为什么许多企业家甚至都没有意识到不盈利是组织设计出了问题。盲目追求规模扩张而忽略了组织设计能力，导致许多中国企业大而不强。这些企业看似规模很大，实则经营质量堪忧。随着外部红利消失，存量市场的竞争愈演愈烈，组织设计的问题会逐渐凸显出来，慢慢蚕食组织利润。而组织设计是企业的根，如果根烂了，那么组织终将走向衰亡。

组织是什么？从词源上也许能看出端倪。"组织"一词可见于《辽史·食货志》，其中有云："饬国人树桑麻，习组织。"这句话的意思是：命令国民种桑树和种麻，学习纺织技术。所以，"组织"的本义是"编织、纺织"。引申到经营管理之中，组织设计就是为了实现企业的目标，对两人以上的人员进行编织和设计。通过对多人的分工组合，让每个人各司其职，取长补短，以最小的成本、最大的效率完成组织的目标。

西方对企业组织设计的描述可以追溯到亚当·斯密的《国富论》。200 多年前，英国人需要一种叫大头针的商品。当时，大头针的制作全部依靠人进行手工制作。按照惯例，一枚大头针的制作流程通常由一个人从头到尾负责。即便是最熟练的工人，一天最多也只能生产 20 枚大头针。但是，有一位老板改变了这一生产惯例：他先将制作大头针的过程梳理为 18 道工序，又将 18 道工序整合为 10 个环节，然后他雇用了 10 位工人，让每位工人负责其中一个环节：1 人抽铁线，1 人拉直，1 人切截，1 人削尖线的一段，1 人磨另一端，1 人装圆头，1 人涂白色，1 人

负责包装……

　　这位老板在干什么呢？在进行组织设计。他的逻辑是通过分工协作，让别人为他工作。他是如何通过组织设计，让别人为他工作的呢？他做了以下 3 件事：

- 流程再造。生产一枚大头针本来需要 18 道工序，但他通过流程再造，将这 18 道工序合并成了 10 个环节。流程再造的目的是让别人为他工作。

- 岗位分工。针对这 10 个环节，他设计了 10 个岗位。每个岗位定责定量，每个岗位承担不同的工作。通过分工合作，将大头针的制作流程变成了一条流水线：从第一个环节到第二个环节，再到第三个环节……就像传球一样，球传到最后一个环节时，大头针就被生产出来了。

- 因岗定人。岗位责任明确了，具体的人才标准和人才培养的逻辑就出来了，他就知道这个岗位需要具备什么能力的人了，人才画像就出来了。接下来，他只需要根据画像来招人、育人，组织就建起来了。

最终的效果如何呢？这 10 个人一天能制作 48000 枚大头针，平均每人每天可以生产 4800 枚大头针。相比之前每人每天最多生产 20 枚大头针，生产效率整整提升了 240 倍！这就是企业通过分工来提升劳动效率的过程，也是通过组织设计形成整体竞争力的过程。如果用一个公式来表示，就是"1+1+1=111"。

通过这个故事，我们看到了组织设计的正面价值：组织设计能围绕一个共同目标进行人才组合，使各类人才优势互补，分工协作。如果你的组织设计对了，它就会形成整体竞争力，实现"1+1+1=111"的效果，驱动企业实现指数级增长。反之，如果你的组织设计不对，它也会通过增长曲线的下滑来告诉你结果。因此，一号位一定要充分地认识到组织设计能力的重要性。什么叫能力？能力一定是操之在我。做任何事情，你一定要对它全部的心法、技法、流程等了如指掌。

麦肯锡对全球 700 家企业做过研究，结果发现：企业的组织设计能力与业务绩效高度相关，良好的组织设计能力是提升经营业绩的坚实基础。组织设计能力指数排名

前 1/4 的企业的股东回报率约为排名后 1/4 的企业的 3 倍，组织设计能力强弱和业务绩效差距之间的相关系数范围是0.5~1。

然而，在现实经营中，绝大多数企业家都忽略了组织设计能力这件事，没有发挥出组织设计的正面价值。一旦如此，组织就会自然地走向反面。这是因为在自发的状态下，企业的规模和效率通常是成反比的。

许多企业在规模很小的时候效率很高，利润表还可以做到"10-8=2"，利润率能达到 20%。一旦企业做大了，你会看到它的效率直线下滑，利润表变成了"100-99=1"。换言之，虽然这家企业的收入规模增长了 10 倍，但它的利润不仅没有同步增长 10 倍，利润率反而从 20% 下降到了 1%。此刻，这家企业背后潜伏着一个巨大的危机：1%的利润率难以支撑庞大的组织，难以支撑人、财、物、销等成本。一旦组织效率继续下滑，企业将面临亏损。

我们往往认为，倘若企业的收入增长了 10 倍，它的利润也应该同步增长 10 倍。为什么企业的规模越大，利润率反而越低呢？利润到底去哪了？这就是因为一号位没有对组织进行设计和管理，导致组织没有发挥出"1+1+1=111"的效应，反而变成了"1+1+1=1"。而组织规模越大、人越多，就越容易出现"组织之害"。这也是开篇的那家上市公司几近亏损的根本原因所在。

由于工作的关系，我们分析了大量上市公司。在分析上市公司的经营数据时，我们发现：大量上市公司年产值高达数十亿元甚至数百亿元，一年的利润却只有几千万元。其实，这背后潜伏着非常大的风险：虽然这些上市公司的规模做起来了，业务也做起来了，但是组织的效率没有起来，组织的价值也没有发挥出来。所以，企业必须要高度重视"组织之害"。《孙子兵法》曰："故不尽知用兵之害者，则不能尽知用兵之利也。"我们要辩证地看问题，就像一枚硬币有正反面一样，我们之所以没有获得正面的利，是因为我们没有解决反面的障碍和卡点。只有找到"组织之害"的根源，才能对症下药。

"吃掉"组织的"蝗虫"效应

"组织之害"是怎样产生的呢？先给大家分享一段我的亲身经历。正是从这段经历中，我第一次看到了"组织之害"带来的可怕后果。

我踏入管理教育行业是在 2006 年，当年我们精准地踩中了企业家教育这个大风口。我们公司的战略定位非常清晰，再加上课程口碑很好，大量客户帮助我们转介绍新客户，生意十分火爆，很快业务就迎来了爆发式增长。

随着业务的急速增长，组织也在快速膨胀，人员开始递增，组织开始裂变。

一开始，这家企业只有我一个人，后来有了我的助理、副总和讲师……我们就开始分工干活了：我来当董事长，下面是 CEO，CEO 下面又分别设置了人、财、物、销四个副总裁，分别管理人、钱、教学和销售四条垂直线。

随着业务从上海向全国市场扩展，我们又在北京、广州、昆明等多个城市成立了分公司。除直营分公司外，我们还在全国各地发展起了经销商和代理商……

各地业务发展得如火如荼，客户口碑也一直非常好，公司敏锐地抓住机会，开始研发新产品，上线新课程。除了当年的 1 号产品《赢利模式》（即今天的《浓缩 EMBA》），我们又先后上线了 2 号产品、3 号产品、4 号产品、5 号产品、6 号产品……产品线越来越多。随着产品线越来越丰富，我们成立了十几个产品事业部。自此，产品线和销售线纵横交错，形成了一个庞大的矩阵型组织。发展到这一步，这个组织已经膨胀到了拥有 1600 多名正式员工的规模。

突然有一天，CEO 跑来告诉我："我们打算清算公司！"

我惊诧道:"为什么要清算公司?"

他解释道:"公司没钱了,工资都发不出来了!"原来,CEO是想通过破产清算,逃避员工工资和客户预收款的债务问题。

我大吃一惊,因为我们属于教育培训行业,这个行业是预收款模式。按照行业惯例,收入与预收款的比例通常能达到1:3。也就是说,如果这家公司有1亿元的收入,那么账上就应该有3亿元的预收款。按说这个行业是最不可能缺钱的,我们怎么会连工资都发不出来了呢?于是,我急忙追问:"不是还有预收款吗?"

CEO告诉我:"预收款也花完了!"

直到这一刻,我才了解到内情:由于彼时行业打价格战,公司生意大受影响,业务停滞不前。虽然公司有1600多名员工,可是这1600多名员工能创造多少收入呢?2亿多元。也就是说,人均收入只有十几万元。而每个员工一年的工资、奖金,再加上平摊的公司运营成本,早就超过这个数字了。

我进一步复盘了公司之前的经营数据，发现公司的人员规模在 1000 人左右时，公司的年销售额就达到了 2 亿多元。其实，那时候公司就已经开始亏损了。然而，在公司业务停滞不前的情况下，组织却还在一如既往地扩张。这就是公司会走到绝境的原因所在——庞大的组织把企业的收入和预收款全部吃光了。

我们公司的发展过程几乎是每家企业从小到大的缩影：个体户—职能型组织—区域型组织、事业部组织—矩阵型组织。

对于每一个创业者来说，当任务超出个人能力和资源时，自然就想到创建组织。随着业务的发展，组织也在快速发展，组织分工越来越细致：一开始组织会进行专业化分工，通过分工将工作细化，提升每项专业工作的效率，这就形成了职能型组织。前文那家大头针工厂的变革大体属于此类。接下来，伴随着业务的扩张，组织又要沿着两个方向进行裂变：从供给侧来看，根据不同的产品分化成不同的事业部组织；从需求侧来看，企业的市场不断地向外辐射、向下延伸，因此企业在各个区域发展区域型组

织，设立各地分公司。随着市场的进一步扩张，企业最后还可能把经销商、供应商全部整合进来，变成一个平台型组织甚至生态型组织。当然，纵横交错之下，为了方便管理，最终多线齐头并进，矩阵型组织便形成了。

然而，当所有人都沉浸在规模做大的喜悦之中时，鲜有人注意到：在组织一步步分化的过程中，一个重大危机出现了。在组织发展的过程中，组织从内到外、从上到下无序蔓延，其中充满了各种浑水摸鱼行为、山头主义现象……我后来复盘时才发现公司早在 2009 年就开始亏损。当时业务还在增长，组织规模也在快速扩大。但是，规模不等于效益，体量的增长不等于体质的增强。恰恰相反，组织发展的速度和业务发展的速度不成正比，人均利润在逐年下降。但所有人都没有意识到组织出了问题。

2013 年，我介入公司管理时，第一感觉是人多，尤其是官多。公司成立的时间虽然不长，但整个组织从一号位到一线员工共有 13 个层级。其中，仅副总裁就有 7 位，副总裁加上分公司总经理的助理就有十几位。总部更是人满为患，当时我们在上海的淮海西路买了两层楼，办公室全部坐满了，整个总部有 320 人。

仔细盘点时，我发现组织臃肿，岗位出现了大量的交叉、重叠。比如，当 CEO 给副总裁交代一项任务时，副总裁不会亲自做，他会把这件事交给助理，助理再把这件事交给秘书，秘书又把这件事情交给分公司总经理，分公司总经理再交给他的助理，助理又交给分公司总监，分公司总监再交给下面的员工。这一条线下来，所有人都是"动嘴"的，只有一个基层员工是"动腿"的。

组织里的人变多了，服务用户的人多了吗？并没有！真正服务用户的这位基层员工是一个刚毕业的大学生。这就是新客户进不来、老客户留不住的原因。

我把这种现象称为组织的"蝗虫"效应。大量不创造价值的员工，就像"蝗虫"一样不断蔓延，"吃掉"了组织的效率，"吃掉"了组织的利润。

最终的后果是什么？一方面，由于用户离组织的核心层太远，这个组织逐渐被用户所淘汰，业绩当然会下滑；另一方面，一个业务与多个岗位关联，同一业务分钱

的人变多了：一会儿 A 要提成，一会儿 B 要提成，一会儿 C 也要提成……庆幸的是，我们是一家轻资产公司，还有调整的机会。如果是重资产公司，那么最后一定亏损得更惨。

　　这就是许多公司一旦做大，效率会直线下降的原因。在组织壮大的过程中，组织"蝗虫"把组织所有的资源"吃"光了。虽然组织能够取长补短，优势互补，带来整体竞争力。但是，企业家还要认识到：一旦组织管理不好，人多粮少，它又会反过来把组织多年积累的血汗全部吸干。

"蝗虫"效应背后的"人性陷阱"

那组织为什么会出现"蝗虫"效应呢？这就要回归人性的角度来思考。经营企业本质上是经营人性。许多一号位之所以无法驾驭组织，本质上是因为没有真正地洞察到"蝗虫"效应背后的"人性陷阱"。

"人性陷阱"1："南郭先生"

组织"蝗虫"效应为什么会越来越强呢？举个例子你就明白了。很多老板会想，我今天在公司的上海总部，我怎么知道云南分公司的员工在干什么？实际上，即便我在上海总部，我也不知道上海办公室的员工在干什么，因为我只有一双眼睛、一双手，我只能看到眼皮底下的这些人。一号位无法监督所有员工，而随着组织的发展和分

化，组织里面出现了越来越多滥竽充数的"南郭先生"。

让我们重温一下"滥竽充数"的故事——

战国时期，齐国君王齐宣王要组建一支庞大的王家乐队，其中仅吹竽的就有两三百人。有个五音不全的南郭先生，也模仿大家摇头闭眼的样子，鼓着腮帮子在里边假装吹得很陶醉。而齐宣王睁一只眼，闭一只眼，根本无从发现。南郭先生躺着白拿工资，大锅饭吃得又香又甜。

其实，在组织发展和分化的过程中，许多"南郭先生"会混进来。随着组织的壮大，滥竽充数的"南郭先生"也会越来越多。

那"南郭先生"为什么能混进来呢？因为没有人负责整体的组织设计。就像齐宣王一样，他在选人时没有标准，对吹竽的乐师的要求从一开始就是混沌的，没有清晰的责权利，没有清晰的绩效指标。同样，一号位对员工的标准也是混沌的，只是为了招人而招人。人进来以后，人与岗位是否匹配？当岗位发生变化时，这人还合适不合适？请注意，这些都是动态变化的。因为一旦用户需求发生了变化，组织就要跟着变化。一旦没有人对组织负责，没有清晰的流程、岗位、责权利机制，在这种动态的环境下，许多"南郭先生"就会混进组织。最后，组织只会不断地变大，而不会自动缩小。

譬如，当用户需求发生变化时，如果组织流程不清晰，就不知道那个岗位到底需要什么样的人。因为人才画像不是根据业务本身的需求反向推导出来的，所以，招聘就不是以用户为中心的，不是以为用户创造价值为标准来进行的。

当组织混进来一位"南郭先生"，他所造成的危害可能远远超乎你的想象。记得我在与一位创业者交流这个问题时，他满不在乎地说："不就是进来一个人吗？能有多大的损失呢？"事实上，这不是一个人的问题，而是一群人的问题。

请注意，当企业招进来一个不创造价值的人时，他所占用的成本不仅是他的工资、社保、奖金，还有他占用的组织资源，这才是最大的隐性成本。因为即便他无法创

造价值，但为了证明自己有价值，他会无事生非，做各种无效动作，让自己看起来很忙。而这些动作不仅会产生成本，还会占用其他上下游部门的时间和精力。这就是我们经常听到业务部门的人抱怨"没有时间做业务，80%的时间要应付各种职能单位的表格、会议"的缘由所在。与此同时，只要他还在做事，他就会要求组织为他投入资源，而资源会随着时间的推移叠加。此外，他多占了一个位置，很可能导致能真正为用户创造价值的人无法进来；他占用了组织的一份资源，真正需要资源的地方就少了一份资源投入。因此，这是一个连锁反应。

如果"南郭先生"占据了一个关键岗位，那危害就更大了。早在1955年，英国政治学家帕金森就提出了"帕金森定律"：即一个组织总会趋向于层级越来越多，规模越来越大，人越来越忙，但组织效率越来越低下。这个定律源于他对英国官僚体系的观察。

那为什么组织会趋于膨胀呢？帕金森定律阐述了官僚机构膨胀的原因。一个不称职的官员，只有三条出路：一是把位子让给能干的人；二是让一位能干的人来协助自己工作；三是任用两个水平比自己更低的人当助手。第一条路会丧失权力，第二条路会引入竞争对手，因此大多数人会选择第三条路。于是，两个平庸的助手分担了他的工作，他自己则高高在上发号施令。这两个平庸的助手又上行下效，再为自己找两个更加无能的助手。以此类推，一个机构臃肿、人浮于事、相互扯皮、效率低下的官僚体系便形成了。因此，帕金森得出结论：官僚机构会像金字塔一样逐级向下扩散，行政人员不断增多，每个人都很忙，但组织效率越来越低下。

021

其实企业也是如此。随着组织的发展壮大，"南郭先生"和"南郭小姐"也会不断地增多、蔓延，形成"蝗虫"效应，最终将整个组织啃食殆尽。

"人性陷阱" 2：劣币驱逐良币

当"南郭先生"在组织中混得如鱼得水，获得巨大的收益时，他们不仅不会自动离开，而且还会污染组织环境，造成劣币驱逐良币。

网飞 CEO 里德·哈斯廷斯（Reed Hastings）在其所

著的《不拘一格：网飞的自由与责任工作法》一书中，提出了一个有意思的观点：一个团队只要有一两个表现欠佳的人，就会拉低整个团队的绩效。一个有力的例证是在2001年互联网泡沫破灭时，网飞为了应对资金链断裂的风险，被迫裁掉1/3相对逊色的员工，结果裁员后公司业务迅猛增长。也就是说，虽然公司人数少了1/3，但员工的工作热情却空前高涨，大家都主动加班加点地完成工作任务。

这是怎么回事呢？也许从澳大利亚新南威尔士大学的威尔·菲尔普斯（Will Felps）教授的研究中可以找到答案。先说研究结论：**在一个组织中，员工的工作状态会相互影响和彼此传染。**这个结论是如何得出的呢？菲尔普斯创建了若干团队，每个团队由4名大学生组成。这些团队被要求在45分钟内完成一项管理任务，表现最好的团队会获得一定的奖励。但学生们不知道的是，菲尔普斯在这些团队中安插了一些特殊角色：

- 懒惰者：磨洋工、开小差，在大部分时间里把脚跷在桌子上玩手机。

- 狂傲不羁者：经常说些讽刺和挖苦团队成员的话。
- 沮丧的悲观主义者：垂头丧气，总在不停地抱怨任务不可能完成，对大家能否成功也非常悲观。

菲尔普斯发现，尽管其他团队成员都很有才干，也很聪明，可是特殊角色的存在大大降低了团队的工作表现。在长达一个月的多次试验中，**拥有特殊角色的小组绩效比其他小组差 30%~40%。**

这是为什么呢？因为这些表现欠佳的员工会造成一系列的负面影响：

- 消耗管理者的精力，使他们没有时间把精力放在优秀员工身上。
- 使团队讨论的质量得不到保证，拉低团队整体智商。
- 强迫他人围绕着他们开展工作，致使工作效率低下。
- 排挤其他追求卓越的员工。
- 接受其存在会使团队认为管理者能接受平庸，从

而影响其他成员的效率，使问题更加严重。

由此可见，"蝗虫"效应的形成不是一个人造成的，而是从一个人逐渐蔓延到整个组织的。当组织中的成员看到特殊角色并未尽职尽责时，他们也会降低自己的努力程度，这样他们才会感觉公平。所以，当组织容忍特殊角色时，整个组织的绩效就会向最低水平无限靠拢。

与此同时，组织中"南郭先生"越多，就越容易产生"螃蟹"效应——在一个竹篓中放入一群螃蟹，螃蟹是爬不出来的，因为每一只螃蟹都争先恐后地往出口爬，但篓口很窄，当一只螃蟹爬到篓口时，其余的螃蟹就会用威猛的大钳子抓住它，最终把它拖到下层，由另一只强大的螃蟹踩着它向上爬。如此循环往复，没有一只螃蟹能够成功逃出竹篓。管理学大师泰勒研究工人磨洋工问题时发现，这个问题最大的挑战是它不是一个人的问题，而是一个群体的问题。当团队中出现高绩效员工时，所有人都想尽一切办法把这个员工的效率给拉下来，这是人性使然。

因此，一个组织中的"南郭先生"和"南郭小姐"越多，他们就越容易抱团，打压、拉踩和排挤那些高绩效的员工，让那些高绩效员工无法在这个组织中生存下去，最终留下来的都是低效的、浑水摸鱼的员工，整个组织的效率就会越来越低。

"人性陷阱"3：山头主义

这些"南郭先生"是被谁放进来的呢？管理者。

众所周知，人性是以自我为中心的，管理者的本性是追求小团队的局部利益最大化，而不是考虑组织的整体利益最大化。因此，每个管理者都有强烈的扩张冲动，都想壮大自己的地盘，占山为王，各自为政。因为一个管理者所占据的地盘越大、管理的人越多，他可以争夺的组织资源就越多，获得的利益也越大。所以，扩张冲动是无法避免的，管理者会想尽一切办法找老板加人头。如果一号位没有约束和控制这种冲动，那么组织就会逐渐膨胀起来。

事实上，在组织壮大的过程中，管理者是舒服的。因为传统的科层制公司以领导为中心，领导就是标准。员工进来以后，给多少钱？领导说了算。要不要给员工升职加

薪？领导说了算……当所有的激励资源都控制在管理者手中时，整个组织就会不可避免地出现"唯上主义"。因为对于员工而言，只要会讨好领导，即便是"躺"着也能拿到资源。而领导者也往往会把这种奉承视为一种"忠诚"。

在这种"唯上主义"的环境下，最终留下来的都是能力弱的人。因为越是能力弱的人，越会去讨好领导。而能力强的员工对这些行为难以容忍，也很容易找到新工作，因此能力弱的员工倾向于留下，时间长了便成了中高层。最后，企业留下来的都是能力弱的员工，大多数人都在吃公司的红利，搭公司的便车。当业务还在快速增长时，这些问题会被掩盖。一旦这家公司遇到挑战，就会发现整个组织根本没有应对挑战的能力，因为这些留下的人大多根本不具备战斗力。

同时，在这个过程中，各个层级的管理者为了收买人心、稳固地盘，也会用组织的资源收买员工，为员工争取升职加薪的机会，反正都是老板出钱。

由此可见，"蝗虫"效应的出现可以说是人性的必然结果，它的出现只是时间早晚问题，因为组织无法对抗人以自我为中心、趋利避害的本性。所以，优秀企业家必须是人性大师，对人性的两面性有极其深刻的洞察，有驾驭人性两面性的能力，懂得基于人性的两面性来设计组织。如果你不对人性进行管理，不去激发人性中善的一面，不去遏制人性的消极面，那么人性必然会造成组织的膨胀和低效。所以，组织设计和组织变革的底层是管理人性，并根据人性的两面性来设计组织，用文化、机制等去激发人性中善的一面，遏制人性的消极面。

一号位=组织总设计师

如何才能避开"组织之害"呢？要找到这个问题的答案，我们首先要找到造成"组织之害"的根因，才能对症下药。根据我对诸多企业的观察，大多数企业出现"组织之害"，从根本上说是责任人的问题。在组织设计这件事情上，大多数企业的责任主体是缺失的。谁应该对组织设计负责？这个问题95%以上的企业一号位都答错了，导致最终没有人对组织设计这件事负责任。

有人认为，组织设计这件事应该交给人力资源负责人。毕竟，人力资源部门是专门对人负责的部门。但实际上，人力资源负责人通常不是组织的设计者，他只参与组织管理。因为他本质上也是打工者，一旦组织出现危机，他随时可能离职，怎么可能对企业负责呢？

也有人认为，这件事应该授权给各级管理者负责。尤其是在企业发展壮大的过程中，业务扩张需要大量用人，而一号位的时间越来越少，因此很自然地就把这件事授权给下面的管理者。

譬如，当 CEO 授权给营销副总裁，接下来在营销线的架构设计、流程设计、岗位设计等方面，一号位都是缺位的，营销副总裁有绝对的分工权、岗位设计权以及人才招聘权。同样，营销副总裁也会把权力下放给各个分公司的总经理，分公司总经理又下放给分公司总监……最后你会发现，整个组织的架构设计、流程设计和岗位设计根本没有人来控制。最终，组织一定会走向无序扩张。因为每个管理者都在想办法做大自己的地盘，尽可能找理由增加人头，所以组织很容易进入自然膨胀的状态。

在现实经营中，大多数企业的组织都是由管理层而不是一号位设计的。各级管理层在组建团队时，一号位根本就没有参与到组织的架构设计、流程设计和岗位设计中去。这就会造成组织最大的漏洞：每个管理者都为了自己利益最大化，疯狂地做大地盘，但没有人真正去管理组织

029

的成果。当大多数部门只加人头、不减人头时，就会导致人浮于事，资源被大量不创造价值的岗位和人占据。而企业投入到一些高价值的岗位上的资源就减少了。在业务很好的情况下，这些问题都会被掩盖，但实际上，此刻的人均利润是很低的。因为即便企业收入增长了，但成本增长更快，最终导致人均利润上不去。千万别小看人均利润，因为它直接关系到员工福利待遇，关系到企业的竞争力，关系到组织的创造力，关系到组织的效率。

为什么会这样呢？因为一号位没有参与到组织设计中去。屁股决定脑袋。人的位置在哪儿，思考问题的出发点就在哪儿。当一号位把权力下放给管理者时，管理者出于自身利益的考量，会找出一千个理由来增加人手。比如，现在订单太多，为了快速交货，生产线要增加人手……可是，这些订单是长期的还是短期的？这种情况是偶然的还是必然的？增加这些人手以后，他们的业绩怎么衡量？如果以后订单量减少了，怎么安置这些人？管理者不会考虑这些问题。如果一号位不加以控制，那么当各个部门的管理者都要求加人时，组织就会变得越来越臃肿。

直到有一天，公司的收入 – 成本 < 0，持续亏损，这时候一号位才发现扭转不了亏损的局面，因为此时组织内的"蝗虫"太多了。这些"蝗虫"在进来时就没有清晰的标准，没有明确责权利。那他们"吃"谁呢？只能"吃"组织的"老本儿"。直到这个组织的"老本儿"被"吃"完了，企业亏损，现金流断裂。**那谁来为组织买单呢？公司的大股东。因为其他人都可以跑，换个工作就可以了，只有大股东跑不掉，所有的债务全部都要由大股东来负责。**

三年前，我受邀与一位意向大客户谈合作。这位大客户是一家知名企业的创始人，他曾经读过我的书，但还没有上过我的课。交流结束时，这位大客户非常热情地挽留我："老师好不容易过来，中午一定要留在我这里，品尝一下我的家乡菜。"我连忙拒绝，因为我有一个原则：不在客户那里吃饭。

他连忙说："不，一定要让老师看看我们的诚意！"

盛情难却，考虑到他还不是我的客户，也不算违反原则，再加上我现在想与他合作，便不好再推辞。

时间很快到了中午,他先带着我参观了职工食堂,果然员工福利非常好,食堂提供几十个菜式,各种风味应有尽有。紧接着,他又带我来到了干部食堂,毋庸置疑,干部食堂的菜式更加精美。一路上,他向我解释:除了午餐,他还会为员工提供早餐和晚餐。最后,他才把我带到董事会的私厨,这里的厨师是他从老家专门请过来的名厨……说实话,我非常感动于他对我的尊重。但遗憾的是,他一直没有来上课,因为他实在是太忙了。

两年后的一天,我突然在媒体上看到了关于他的新闻:他的员工们手拉着手,在公司总部门口唱着《国际歌》,控诉他的无能,并向他讨要工资和遣散费。

后来,我们再次见面时,他气愤地向我感慨:"这些人都是白眼狼,这么多年的饭白吃了?居然乘人之危,敲诈勒索!"

原来,他本来承诺给员工N+1的赔偿,但一部分人抓住《劳动法》中关于"强制解除劳动合同"的条款,要求他支付2(N+1)的赔偿。与此同时,这些人还把消息传递给所有遣散员工。此时，他才意识到：这不是一个人的赔偿问题，而是一群人的赔偿问题。而且这个时候公司已经没有钱了。但员工不理会这个问题，把讨薪闹成了公众事件。最后，当地政府为了平息事态，出面要求这位创始人变卖资产，来解决员工的赔偿问题。

请神容易送神难。"组织之害"造成的后果常常是滞后的、全方位的。如果一号位没有对组织设计的问题真正负起全责，那么当组织管理出现危机时，企业就会面临雪上加霜的窘境：一方面，组织的现金流早已枯竭，已经无力维持企业的运营；另一方面，在生死存亡之际，许多管理层和员工会为了自身利益，掏空老板的最后一点家底。此时，劳资双方就像是翻脸离婚的夫妻，会动用一切手段来争取自己的最大利益。

显然，上文那位老板忽略了一点：企业不是家，老板不是妈。企业是运动队，是要上场打比赛的，输球了就得出局，这是很现实的。因此，老板的使命就是要保证企业不被淘汰。如果你把企业当成家，把自己当成妈，那就完全本末倒置了。什么才是真正的饭碗？难道员工需要的是

食堂福利吗？员工来上班，要的不是食堂的饭，而是工作这个真正的饭碗。今天许多企业追求的是表面的人性化，在员工福利上层层加码。但我始终认为，真正的价值是让员工能产出高绩效，获得持续的高收入，这才是员工真正的饭碗，而不是提供一日三餐。

因此，要解决组织设计的问题必须回到原点：责任主体不能缺失，大股东要对组织设计这件事负全责。否则，一旦组织出了问题，最终买单的还是大股东。也就是说，组织设计和组织管理的权力绝对不能下放，要牢牢地掌握在一号位手里。

任何管理者要求加人，你都要穷追不舍地问下去：这个岗位是长期的还是短期的？是当下的还是未来的？用什么指标来衡量？新员工能为用户创造什么价值？他的责权利是什么？你会发现，很多管理者都回答不了这些问题。

那我是什么时候明白这个道理的呢？还要把时间拉回 2013 年。那时，我们公司走到了破产清算的边缘，我就在反思：是什么原因造成公司走到今天这一步的？我意识到，这个责任不在 CEO，而在我自己。2006 年创立这家公司时，我自己想偷懒，不想管理公司，只想做一名纯粹的老师，因此，我把管理权下放给 CEO 和副总裁，让他们来管公司，结果当权力被层层下放时，整个组织就像一匹脱缰的野马，各层级都在跑马圈地，导致组织不断膨胀。当我寄希望于把组织设计这个问题留给管理者来解决时，其实就已经注定了这家公司的结局。

实际上，组织设计这件事只能是一号位的责任。因为所有人都是以自我为中心的，他们关注的是自己的局部利益最大化，只有一号位才会关注整体利益最大化。所以，一号位必须要把组织设计的权力牢牢地抓在手里。

035

因此，要摆脱这场危机，唯一的办法就是我站出来，重新设计组织。我开始思考每一个岗位存在的必要性：为什么会有这个岗位？这个岗位为什么需要那么多人？哪些岗位应该存在？哪些岗位应该外包？哪些岗位应该砍掉？除了事关公司核心竞争力的岗位外，其余所有的岗位都应该做减法。公司根本不需要什么那么多层级，不需要那么多岗位。

直到那一刻，我才发现许多部门的工作只需要一个人就能干好，根本不需要高中基层那么多层级的人员。后来，行动教育上市时，一位专家来给我们做访谈，他评价说你们非常高效，好多部门都是一个人做全部的工作。的确如此！为什么一个部门非要有总监、经理和员工呢？干活的还是基层员工。因此，每当管理者找我加人时，我总会对岗位严防死守，提醒他们"我可以给你配人，但你有多少个人头，就要交多少张岗位损益表。如果你交不出来，我就要拿你开刀"。经过组织变革，整个组织没有重叠、没有交叉，所有人全部都要直面为用户创造价值的目标，真正做到以用户为中心，一切回到原点。

最后，向大家汇报一下当时行动教育组织变革的成果：通过对组织的重新设计，我们将 1600 多名员工减掉了 1000 多名，剩下 500 多名员工；总部从 300 多人精简到 30 人。直到今天，行动教育的总部也只有 34 个人。经过组织变革，公司快速扭亏为盈，实现收入和利润每年 30% 以上的双增长。

因此，这本书的使命就是唤起一号位对组织设计的重视。一号位必须牢牢地抓住组织设计权，不要寄希望于任何人。我们不能把组织设计层面的问题归咎于管理者，那不是他们能解决的问题。同样，我们也不能把责任推给人力资源负责人，他们不是组织的设计者，只是辅助一号位进行组织管理的人。只有一号位才是组织的总设计师。从总部开始，一号位要明确每个流程、每个部门、每个岗位的责权利，且要使整个组织的岗位分工形成闭环。

从无序膨胀到有效变大

除了责任主体缺失外，"组织之害"的产生还有另外一个关键原因：一号位缺乏一套组织设计的方法论。对于大多数人来说，组织设计就好像一个"黑盒子"。这个"黑盒子"里面到底有什么？它包含哪些要素？如何设计这些组织要素，才能构建出一个高效的组织，让企业享受"组织之利"，避免"组织之害"呢？每个关键要素背后的来龙去脉和设计逻辑是什么？如果一号位对这些问题只有懵懂的感觉，对组织的理解处于"聋哑瞎"状态，那么从源头认知上就出现了问题。

认知决定思维，思维决定行为，行为决定结果。如果你根本不了解组织设计，那么你在组织设计上偷的懒，最终都会被组织效率和经营结果检验出来。因为组织设计是组织效率的源头。如果一号位不具备组织设计能力，那么就会导致企业的效率低下，经营结果不尽如人意。而一家效益不好的公司必然无法支撑为员工支付高薪酬，而薪酬又会影响人才的质量及其意愿度，甚至导致员工"摸鱼""躺平"，使得组织最终进入恶性循环。因此，组织设计与人才、绩效其实是一个相互影响的系统。

那什么样的企业亟须组织变革呢？我可以给大家提供一个诊断组织效率的参考指标：人均利润。人均利润代表的是人才的平均价值产出。当然，行业不同，人均利润也不同。因此，这个指标不能看绝对值，而是要找到参照系，以相对值来判断组织是否高效。具体来讲，参照系有二：

- 参照系 1：行业标杆的人均利润。你可以将企业的人均利润与行业标杆相比，如果行业标杆的人均利润是 300 万元，而你的企业的人均利润只有 100 万元，那么说明你的组织效率远远低于标杆企业，还有极大的提升空间。

- 参照系 2：去年同期的人均利润。你还可以与自己

039

企业去年同期的人均利润进行比较。假设你去年的人均利润是 150 万元，而今年只有 100 万元，那么就说明你的组织效率在下滑，组织亟须变革。

遗憾的是，在与企业沟通的过程中，我发现大多数企业都不关注人均利润这个指标，甚至没有做过相关统计，这导致一号位对组织效率问题后知后觉。假设现在经过诊断，你发现自己的组织确实不够高效，那么你就要及时进行组织变革，重新对组织进行设计。

现在关键问题来了：如果你想马上进行组织变革，将自己的企业打造成一个以用户为中心的高效组织，究竟该如何行动呢？根据我们四十年的实践经验，我们发现组织设计和组织变革是一项系统工程。本书将详解组织设计的几个关键要素，并将组织设计的行动方案拆解成五大步骤，指导一号位构建一个真正以用户为中心的极简组织。

第一步：组织的顶层设计

组织的顶层设计的目的是什么？通过使命、愿景、价值观来充分调动和激发人的自主性和创造力，唤醒人性中善的那一面。比如，通过组织的使命来重新定义工作的意义，为工作注入意义感；通过组织的愿景来凝聚人心，激发人的奋斗精神；通过组织的价值观来筛选同路人，找到真正愿意为用户创造价值的员工，并通过价值观系统来约束人性的消极面。

组织的顶层设计看似很虚，但实际上它决定了一家企业是平庸还是伟大。毫不夸张地说，它是一个组织持续发展的原动力，也是激发组织成员内驱力必不可少的顶层系统。只有做好组织的顶层设计，才能激发出组织成员最底层的内驱力和创造力，让他们发自内心地为创造用户价值而努力奋斗。

第二步：组织的架构设计

今天大多数企业采用的组织架构是传统的金字塔架构，这种架构模式发源于一百多年前开始的工业时代。在工业时代，企业关注的焦点在供给侧，因为产品供不应求，只要工厂能生产出产品，自然有人购买。所以，这种架构模式是基于需求侧设计的，在产品主权时代，它确实

041

是一个有效的解决方案。然而，今天时代变了，企业面临的挑战也发生了转移：从过去的产品供不应求到今天各行各业的产品严重过剩。在产品过剩时代，所有人都在争夺用户，权力从企业转移到了用户手中，因此组织关注的焦点也应该从供给侧转向需求侧。

这种现实也让不少企业家和专业学者意识到：过去以产品为中心的金字塔架构早已不适用于今天的用户主权时代。用户主权时代亟须建立一个真正以用户为中心的新组织架构模式。

换言之，以用户为中心不是一种文化理念，必须将它植入组织设计之中。那么，在用户主权时代，如何构建以用户为中心的组织架构？这是每家企业的一号位都要思考的问题。本书将以行动教育的实践案例为蓝本，提出一个新的组织架构模型——以用户为中心的同心圆组织。同心圆组织打破了传统的以领导为中心的层级式金字塔架构，而是把用户放在中间，以用户关键价值为圆心，根据用户关键接触点来重新梳理业务流程，确定部门分工，明确岗位责权利，进而保证整个组织围绕用户转。

第三步：组织的流程设计

当组织架构从金字塔架构转向同心圆架构后，整个组织的流程也需要再造。传统的组织流程以产品为中心，其目的是高效地输出产品。而今天的企业要以用户为中心进行流程再造。

什么叫以用户为中心的流程？即用户既是起点，又是终点，整个流程要围绕用户的需求满足形成闭环。因此，企业不是为了工作而工作，而是要以用户为终点，以终为始来倒推——

- 用户是怎么知道我们的？这就涉及我们的品牌广告宣传。

- 用户是怎么购买我们的？我们要选择什么样的人作为渠道合作伙伴？这就涉及营销、渠道。

- 我们是如何保证产品竞争力并将产品交付给用户的？我们选择什么样的供应链？这就涉及我们的研发、生产、物流等供应链体系，因为我们要基于用户的标准来选择供应链。

- 我们是如何使用户重复购买的？这就涉及售后、

客服。

- 基于用户的需求，我们要招什么样的员工？这就
  要求人力资源部门基于用户需求来设计人才画像、
  人才培育方案等。
- 我们是怎么管理用户的钱的？这就涉及财务管理。
- ……

换言之，流程再造是从业务流程出发，形成一个以用户为中心的大闭环，这个大闭环就是同心圆的大圆。基于以用户为中心的流程，我们就能梳理出各部门的分工——大圆中的每个节点就是一个大部门。基于这个业务流程，企业需要设立哪些部门？哪些部门要设立在组织内部？哪些部门可以外包？这些都要根据用户价值来反向推导。同样，大部门也要直接从用户到用户、围绕用户关键接触点来再造部门小流程。

第四步：组织的岗位设计

接下来，我们还要打开部门，重新设计岗位。岗位设计一共包含两个维度：

一是纵向的层级，包括高中基层的设计。传统的金字塔组织是层层往下的，但站在用户的角度，用户能接触到的只有最基层的小兵。所有人都在"动嘴"，只有最基层的人在"动腿"。那么，组织还有没有必要在所有岗位上都设计高中基层呢？这是一个值得反思的问题。

二是横向的分工，包括不同岗位的细分。传统的岗位细分是从功能的角度来思考的，而今天的横向分工应该从用户的视角来重新设计。以财务部门为例，财务部门是围绕"10-8=2"这张利润表来工作的，那么谁对收入 10 负责？这就涉及会计岗、出纳岗……谁对成本 8 负责？背后就包括成本会计、应收/应付经理……谁对利润 2 负责？这就包括总账会计、管理会计……其中，每个岗位都要对应清晰的责权利，保证人人一张岗位损益表，人人都是创造者。

最终，岗位必须要落地到岗位损益表，尽可能地将每个岗位创造的收入、消耗的成本、创造的利润一一核算出来。在这种情况下，每个岗位有没有创造价值一目了然，"南郭先生"再也无处遁形。不管你是副总裁、部门经理

还是基层员工，你的职责就是创造用户价值。从结果来看，用户价值再往下穿透就是利润和现金。千万不要玩虚的。根据每个岗位打了多少"粮食"，来决定向其分配多少资源和利益。最终，多劳多得，少劳少得，不劳出局。

第五步：组织的迭代升级

当你走完以上四步，组织已经实现了第一次组织变革，组织效率会有一次大的飞跃。但是，随着时间的推移，组织又会出现"熵增"，又会出现新的臃肿。那么，组织如何对抗"熵增"，去掉"肥肉"呢？唯一的办法就是定期对组织进行迭代升级，让组织能够不断跃升到一个更高效的轨道上，实现组织效率的螺旋上升。

因此，必须设计出一个良好的组织升级机制，定期从源头上检视：组织效率是否在下降？市场环境和用户需求发生了哪些变化？根据这些变化，组织的流程是否需要优化？组织的岗位是否出现了变动？组织的人与岗位是否匹配？只有通过组织的迭代升级，才能摆脱组织惯性，从源头上实现降本增效。

以上五个步骤都需要一号位躬身入局，亲力亲为。因为一号位的全盘视角是任何人都无法替代的，只有一号位才能成为组织的总设计师，才能构建一套包含组织的"顶层设计—架构设计—流程设计—岗位设计—迭代升级"的闭环体系，打造一个真正以用户为中心的极简组织，进而实现组织效率的螺旋上升。

第 2 章

组织的顶层设计：
激活组织的动力源

使命驱动：平庸的组织以利驱动，伟大的组织以义驱动

组织变革的终极目标是激发人的主动性和创造性。那么，如何才能激发人的主动性和创造性？一号位的首要任务是做好组织的顶层设计。

什么是组织的顶层设计呢？一个组织的顶层设计重点要解答以下四个问题：

- 你做什么？这是一个组织的战略定位。比如，行动教育的战略定位是做世界级实效商学教育。

- 你是谁？你为什么存在？这个问题关系到组织的使命，它看似简单，实则很难回答。它的答案决定了你能吸引到什么样的组织成员。

- 你去哪？你的远方在哪里？这是组织的愿景，愿景是一个组织的中长期目标。

- 你要怎么做，才可能实现组织的使命和愿景？这是组织的价值观。

这些都是一号位必须回答的问题。如果这些问题没有清晰的答案，这个组织就不可能持续成功。IBM 原总裁小托马斯·沃森曾经发表过一个发人深省的观点："随便找一家卓越的企业，一家真正经久不衰的卓越组织，你一定会发现，它的韧性来自我们所说的'信念的力量'，以及这些信念所产生的吸引力……组织的成就更多地来自最朴素的信念、精神和愿望，而不是资源、组织架构、创新和时机。"

然而，在现实经营中，大多数企业对组织的顶层设计完全不重视。他们普遍认为使命、愿景、价值观都太虚了，是大企业的专利，中小企业根本用不上。殊不知，越是小企业，资源越匮乏，越不可能用资源来吸引志同道合的人。这个时候，企业就越需要做好组织的顶层设计，用使命、愿景和价值观来吸引人才。从这个意义上讲，顶层

设计也是生产力，它关系到一个组织的基因和土壤，关系到我们和什么样的人志同道合。如果一个组织没有做好顶层设计，一上来就开始盲目招人、搭建组织，那么只能是见子打子，就如同头痛医头、脚痛医脚，欠缺整体思维、系统思维。只有当一号位想清楚组织的顶层设计，想清楚组织的使命、愿景、价值观，才能真正激活这个组织的底层动力，激发组织成员的自驱力。

关于战略定位的问题，我在《赢利》一书中已经作了深入的阐述，此处就不再赘述。我们接下来沿着战略定位往下走，回答组织的使命、愿景和价值观如何落地的问题。

本节先从使命讲起。使命是什么？中国文字博大精深，我们从字面就能找到答案：使命就是要使出命来。也就是说，使命是一份组织成员都愿意舍生忘死、奉献牺牲的伟大事业。对于一个组织而言，使命是其存在的理由。创始人从创建这个组织开始，就要明确组织的使命。

纵观中外，所有伟大的公司都源于创始人有一个伟大的使命，它要解决一个社会问题：如亨利·福特要让每个家庭都拥有一辆汽车，比尔·盖茨要让每个家庭的每张桌子上都有一台电脑，马斯克要改变汽车的未来、要让人类移民火星……任何一个伟大的组织一定致力于解决某个问题，它的组织成员能被使命感激发出奋斗精神。

然而，现实中具备伟大使命的组织凤毛麟角。大多数企业的成员根本没有使出命来，愿意使力就不错了，许多员工甚至连力都不愿意使，而擅于磨洋工、滥竽充数、"摸鱼"作秀。

一次，我与一位出租车司机闲聊。交流中，他说自己几乎每天晚上九十点钟都会去浦东的一个开发区拉客。这个开发区有一家知名大厂，每到晚上九十点钟，就会有大批员工冲出来打车。

为什么这个时间点打车的人那么多呢？难道是因为业务很忙吗？并不是！其实，这些员工大多数并不需要加班到晚上九十点钟，只是因为加班到这个时间有几大好处：第一，可以赚一笔加班工资；第二，可以在公司免费吃晚饭；第三，加班到晚上九点后，可以免费打车。因此，这

053

些人并不是真正地加班，而是冲着一系列免费福利假装加班。

这位司机还给我讲了一个细节：曾经有个顾客说起加班就非常生气，大骂"老板和管理层非要逼着我们这么晚才下班。实际上，我根本就没事干，甚至白天都没那么多事情干"。

因此，当你真正了解一线员工的状况，你会发现许多事情都是伪命题。许多企业通过不断延长工作时间、"996"等手段来提升人效，最后只是在逼员工"摸鱼"作秀。这种做法只会起到反作用，因为管理者没有真正去设计组织，没有去思考到底该不该要那么多人，没有去激发每个人的自主性。事实上，做企业本质上要的是效率，是成果，而与成果无关的人和岗位都应该剔除。

为什么大多数企业的员工无法使出命来，甚至连使力都不愿意呢？病根还是出在一号位身上。因为大多数企业的一号位根本没有想到用使命来做企业，他们自身的标准很低，觉得员工能够使力就不错了。所以，他们的思维方式不是用使命来激发员工，而是以利益来驱动员工。

什么叫以利驱动？跟着我干，就能升官发财！有些老板甚至还会把那些成功上位者当作榜样；"小王是从农村出来的孩子，起初什么都没有，跟着我，现在已经是分公司总经理……"你看，这就是典型的以利驱动。

以利驱动有没有效呢？相当有效！因为以利驱动抓住了人性的底层逻辑：趋利避害。这是所有动物的本能。

马戏团的驯兽师是如何训练大象跳舞的呢？对大象而言，跳舞本身是高难度动作。但是，马戏团的驯兽师抓住了动物趋利避害的特性。只要大象按照驯兽师的指令做出指定动作，驯兽师就会马上给大象奖励好吃的食物；反之，如果大象没有按照驯兽师的指令做，那么驯兽师就会把大象关进小黑屋。渐渐地，大象就能按照驯兽师的指令一步一步做。同样，今天大多数中小企业用的都是这种手段，并取得了立竿见影的效果。

但是，我要提醒你：以利驱动的副作用极大，它是一副毒药。它的毒性体现在：以利驱动会激发人的贪婪。当一个人没有房子的时候，他会想拥有一套房子；当他有了

055

一套房子，他会想拥有一套更大的房子；当他有了更大的房子，他会想要更大的别墅……人的欲望是没有止境的。作为一家资源有限的中小企业，你有多少资源和能力去满足一群人无尽的欲望呢？当企业处于顺势时，也许还能勉强支撑。一旦外部环境发生变化，企业处于逆势时，就会利尽人散。

以利驱动还有另一种毒性：以利驱动会转移人的焦点，因为这些人都是冲着利益来的，为了获得更多的权力、满足更多的欲望，他们会见利忘义。尤其是当一个人的欲望被放大后，就可能出现古人说的"斗米恩，升米仇"的情况。为什么你给的越多，他反而越恨你？因为你把他的欲望放大了。当你满足不了那个更大的欲望时，他就会变成你的仇人。这个时候，一旦企业遇到障碍，这个人根本不会与你共进退。因为他本来就是冲着利来的，此时他会思考哪里有更大的利，为了利益投降叛变。这种现象在企业中比比皆是。这就是以利驱动的必然结果。

你可能会问：如果不能以利驱动，那我们应该用什么来驱动员工呢？平庸的组织以利驱动，伟大的组织以义驱动。如果一开始你的起心动念就是以利益为导向，最终的结局一定不好，因为你激发了人性的消极面。反之，如果你一开始的起心动念就是以义驱动——这个"义"是指这份事业的意义，结果就会完全不同。

请注意，追求"义"也是人的本能。因为人不只有物质需求，还有精神需求。从一出生开始，人就希望受人尊敬、渴望成功、追求伟大。这意味着什么？大多数人工作并不只是为了赚钱养家，他更想要的是一份值得追求的、有意义的事业。在吉姆·柯林斯与其导师比尔·拉齐尔合著的《卓越基因：从初创到卓越》一书中，他们讲了一个发人深省的小故事——

工作动力的高低很大程度上取决于一个人在更宏大的目标中找到自己位置的努力。这一点适用于所有工作岗位，也包括最普通的岗位。

有一次，我们走访了 Giro 公司，一位装配线工人自豪地指着布告栏让我们看。布告栏上贴着很多用户来信，描述了一次又一次严重的自行车事故，讲述了该公司的头

盔是怎样挽救他们，让他们避免头部受到损伤的。一位用户写道："我太幸运了，裂开的是头盔，而不是我的脑袋。感谢你们，感谢 Giro 在这个行业里的耕耘。"

那位工人对我们说："看见没有？这就是我的工作。我们不仅是在制造头盔，还在让人们的生活变得更美好。"

人人都想拥有一份有意义的工作，人人都需要在工作中找到自身价值、获得成就感。尤其是今天，新生代员工更需要找到工作的意义感。组织要放大的不是员工对利益的追求，而是他们对事业的梦想。一号位有责任引导组织成员认识到他们所从事的事业的价值。当组织成员理解了事业的价值后，他们才会滋生出意义感，组织才能焕发出强大的生命力，拥有更强劲、更持续的增长动力。

实际上，使命背后是一种信仰，它能带来力量，能引导组织成员为了崇高的社会责任去奉献和奋斗。表面上看，这是一种利他精神，但利他是最大的利己。当一个人在奉献时，别人会尊重你；当一个人不追求私欲，学会利他时，他就会获得更大的成功。

　　当然，这并不意味着组织不需要考虑员工的物质需求，而是通过升级组织成员关注焦点，引导他从"小我"升级到"大我"，从追求物质利益升维到追求精神满足。那物质利益该如何解决呢？水到渠成。因为物质回报是创造价值的自然结果。当一个人真正把事业做成了，他会得到更大的、更持久的利益。但是，他的动机并不是冲着名利去的。真正的人才一定是使命先行，再以物质利益为辅助，这个顺序不能反过来。

　　有位投资人曾经分享他是如何甄别一家公司是否值得投资的：看这家公司是为人民服务，还是为人民币服务。这句话的意思是说：那些只盯着钱、为人民币服务的公司，往往得不到好的回报；而那些为人民服务、真正能解决客户需求、有着高于金钱的更高追求的公司，往往能得到金钱上源源不断的回报。由此可见，使命必须要超越物质利益的维度，在人性中挖掘最高层次的精神需求，以此来激发组织成员的自驱力。这就是为什么组织要做顶层设计。

　　现在关键问题来了：怎样才能激发组织成员的使命感

呢？答案很简单：宣告一份伟大的事业，让创业者回到初心，回到事业刚刚开始的地方。

以我自己为例，我为什么会创办行动教育呢？这要回溯到2001年，我出版了一本畅销书《做自己想做的人》，由此开始受邀做全国巡讲。在演讲的过程中，我发现台下许多创业者、个体户都没有学过系统的经营管理知识，而我历经两次创业，又在国际化大公司做过职业经理人，正好可以把自己的实践经验分享给他们。由此，我找到了自己的使命：帮助创业者提升管理能力，助力中华民族的伟大复兴。企业强则国强。这是一份伟大的事业，而不仅仅是为了讲课赚钱。因此，即便我早已实现财务自由，我仍然有巨大的动力持续投入和奋斗，这就是使命带来的驱动力。

那么，什么样的使命才能真正驱动一群人呢？换句话说，一个好的使命应该具备哪些特征呢？

◇ 使命要源于业务。

"使命"在英文中对应的词是"mission"，这个词也有"任务"的意思。也就是说，组织的使命就是组织的任务，而任务就是组织要解决的社会问题，也是组织要从事的业务。因此，组织的使命不能脱离组织的业务。如行动教育的使命是用实效教育改变世界。如果你管理的是一家做服装的公司，那么你的公司的使命必须与服装有关，比如用服装创造美好生活。如果你的使命与业务没有关联，那么所谓的"使命"就变成了作秀。

◇ 使命要放大格局。

什么叫放大格局？你要把组织的使命融入社会之中，因为企业组织是社会的器官。作为社会的器官，企业一定要利他，造福社会，改变世界，创造美好生活。这是组织作为社会器官应尽的责任，也是组织存在的理由。

◇ 使命要让组织成员找到工作的意义。

使命是组织成员工作的出发点，是源头。因此，使命必须要让组织的每个成员都能感受到工作的意义。因为有了意义，他才会去创造价值；因为有了意义，他才会努力奋斗，攻坚克难；因为有了意义，他才会坚持。因为人大

061

多数时间都在工作，只有找到工作的意义，才能成就生命的意义。

因此，一个伟大的组织是靠使命感驱动的，用使命来凝聚人心，用使命来驱动事业，用使命来驱动组织未来的发展。一个组织越早确定使命，就越能用使命来感召人才，越能吸引那些真正与组织志同道合的人。相反，如果用利益来吸引人才，那么最终吸引来的就是那些逐利的人。这些人会因为利益而来，也会因为利益而走。当对手用更大的利益来诱惑他时，他很难抵御住诱惑。所以你的起心动念一开始就不能偏，一定要不断地向员工强化和灌输这个信念：责任伟大，使命必达。作为组织的一号位，你非得找到这份崇高的社会责任感，非得对使命进行升级不可。唯有如此，组织的格局和空间才能被放大。

世界上许多伟大的企业都源于使命驱动。福特在创立福特汽车时遇到了许多障碍，他无数次想要放弃，但突然有一天，他想到，做这件事情的目的是什么，是让每个家庭拥有一辆汽车。那一刻，他感受到了使命的力量，从此以后，他再也没有感受过挫败感。因为在这个伟大的使命面前，任何挫败都是渺小的。最终，福特用他毕生精力实现了使命，把汽车的价格削减到了原来的 1/50 以下，让每个美国家庭都拥有了一辆汽车。

使命会让组织伟大。今天，企业必须要做使命升级，把组织的业务与人类命运关联起来，和中华民族的伟大复兴连接在一起，企业才会有无穷的动力。

而对个人来说，使命让人伟大，使命让人卓越，使命让人成就未来，使命让人可持续发展，使命让人找到生命的力量和源泉，而且这种力量是永无止境的。如果没有使命，一个人很难在曲折的路上坚定地走下去。

这不禁让我想起了一个古希腊的神话人物——西西弗斯。

西西弗斯是科林斯的建立者和国王。他甚至一度绑架了死神，让世间没有了死亡。后来，西西弗斯触犯了众神，诸神为了惩罚西西弗斯，便要求他把一块巨石推上山顶，而由于巨石太重了，每每未上山顶就又滚下山去，前功尽弃，于是他就不断重复，永无止境地做这件事——诸

神认为再也没有比进行这种无效无望的劳动更为严厉的惩罚了，他们认为西西弗斯的生命就将在这样一件无效又无望的劳作当中慢慢消耗殆尽。

但诸神却发现：这个家伙居然非常幸福喜悦。为什么西西弗斯并没有感受到被折磨，而是充满了幸福感和喜悦感呢？因为西西弗斯知道：既然改变不了推石头这件事，那么我可以赋予它一种意义感、使命感，将其视为自己的本分，全身心地付出和投入。他给自己推石头的过程赋予了意义。

其实，我们每个人都是西西弗斯。如果你不赋予生命意义，那么生命本身是没什么意义的。一切都取决于你如何去定义。我们宣告一份伟大的事业，其实就是一种定义，它能帮助所有组织成员找寻到工作的意义，找寻到生命的意义。从这个角度来讲，组织的一号位是为组织赋予意义的人，是意义的创造者与诠释者。

事实上，在商学院的课程体系中，组织的顶层设计通常来自战略驱动。战略是基于组织的目标，明确一个组织做什么、不做什么。但是，经营企业的时间越长，我越发觉得：战略之上还有一个重要的东西，那就是使命。

如果说战略是明确组织要做什么，那么使命就是解释为什么要做这件事。为什么比做什么更重要，因为它从更高维度定义了这份事业的意义和价值。因此，使命是在战略之上的。比如行动教育的战略是做实效商学，而使命则阐释了行动教育为什么要做实效商学——因为实效商学改变世界——这是行动教育的大义，也是行动教育崇高的社会责任。组织的一号位必须要将价值上移，将其升维到这份工作的意义上，才能激发出组织成员强大的自驱力。

换言之，正是这种崇高的社会责任感唤醒了生命的力量，唤起人内在的善意。组织顶层设计的意义，就是唤醒人性的积极面，激发出人的善意。

愿景共启：凝聚人心的目标蓝图

从使命再往下落，就到了组织愿景。从字面上看，愿是愿望，景是景象。这两个字合起来，愿景就是组织成员共同想要实现的愿望和景象，也就是组织的长期目标。在英文中，愿景对应的词是"vision"，意为"视力、视野、想象"，也就是组织对未来的想象图景。

一言以蔽之，愿景就是要回答一个关键问题：50~100 年后，这家公司要成为一家什么样的公司？如果用一个字来表达，那就是中国古人所讲的"志"。王阳明说："志不立，天下无可成之事。"同样，组织也需要立志，且要立大志。因为立大志、立小志和不立志，会让企业和企业之间产生天壤之别。优秀的组织一定要立大志，这个大志是凝聚人心的未来蓝图。

关于愿景，我非常喜欢孙正义对这个词的解释，他说:"一提到'愿景'二字，你们可能会想到一些浪漫的东西，比如一场梦或一个幻想，总之，都是一些朦朦胧胧、不切实际的事物……我个人认为，愿景是一种摆在你们面前的挑战，是非常清晰、富有逻辑、极其确定的东西。"

我深以为然，愿景应该与用户有关，它应该是具体的、令人振奋的、能激发起所有组织成员动力的一幅图景。譬如，行动教育的愿景是让企业加速成为行业第一，这就是在强化我们公司对用户的具体价值。在此之前，行动教育的愿景是帮助 1000 万家企业成功。虽然这个愿景也是从用户角度出发的，但用户价值体现得还不够清晰具体。什么叫成功？只有用户能够成为行业第一，才是真正地帮助用户成功。当用户成为第一后，我们自然也就成为行业第一了。

只有愿景将用户价值阐释得足够清晰具体时，它才能真正指导组织成员的具体行为。比如行动教育的课程设计、导师教学、营销推广、客户沟通等，全部都要以"让

企业加速成为行业第一"为思考和评价的出发点。因此，只有愿景中的用户价值足够清晰具体，才能让组织成员真正达成目标共识，使得愿景不再成为一句空洞的漂亮话，而变成所有组织成员奋斗的牵引力。

所有组织成员朝着同一个方向努力，力出一孔，才能形成整体性力量。正如德鲁克所言："由于现代组织由专业人士组成……因此，组织的使命必须像水晶一样透明。组织必须目标明确、一心一意，否则其成员就会感到困惑，只是埋头于自己的专业，而不是把自己的专业知识用来完成组织的共同任务。"

共同愿景是组织的牵引力。一个组织如果拥有了共同的愿景，就像有了一盏指路明灯、一个明确的终点、一个共同的目标。有哲人曾言："如果一艘船不知道该驶去哪个港口，那么任何方向吹来的风都不会是顺风。"一个组织也是如此。一旦有了明确的终点，组织成员就不会漫无目的地游荡，不会临阵脱逃，而会为了共同目标，携手攻坚克难。反之，当一个组织没有清晰的愿景时，员工的努力就没有方向，组织会因此派系林立，内耗严重，最终沦为一盘散沙。

因此，当一个组织有了使命和愿景后，它的战略标准自然就高了。要完成使命，完成共同的愿景，组织必须从一开始就用世界级标准，一次性把标准拉高。因为崇高的使命和共同的愿景会驱动组织成员必须对自己有高标准的要求，必须要努力奋斗，从而激发出一种向上的力量。

价值观约束：抑制人性的消极面

价值观是基因：只能选择，不能培养

从使命驱动到百年愿景，再到战略的高标准，这是一个组织的顶层设计。但是，这个顶层设计最终要落到哪里呢？落到组织中人的行为上。也就是说，这个组织应该找什么样的人，才能与你志同道合，共同去实现组织的使命、愿景和战略呢？这是一个关于人的选择的问题，而不是教育问题。因为人的行为来自价值观，而价值观只能选择，不能培养。

1973 年，美国著名心理学家麦克利兰（McClelland）提出了一个著名的"冰山模型"，这个模型将人员个体素质的不同表现划分为表面的"冰山在水面以上的部分"和深藏的"冰山在水面以下的部分"。冰山在水面以上的部分对应岗位硬技能，包括基本知识、技能和经验，这些部分非常容易被识别和改变；而冰山在水面以下的部分对应价值观特质，包括社会角色、自我形象，性格特质和动机，这些部分很难被识别和改变。而人的基石就是价值观，因为价值观来自一个人从小到大的积累，它构筑了一个人的人格特质，是一个人所有行为的底盘。

价值观是什么？价值观是一个人最重要的价值标准，是一个人对外界的价值判断。什么是对的？什么是错的？什么是好的？什么是坏的？什么该做？什么不该做？每个人都有自己的标准。有的人推崇认真负责，有的人从小自由散漫；有的人觉得勤奋是对的，有的人认为努力的人是呆子；有的人爱耍小聪明，有的人对此不屑一顾……这些就是价值标准。

请注意，这个标准来自一个人从小到大的所有积累，包括他的出身、家庭、受教育情况、周围的环境……所有一切叠加在一起，反复地塑造他的价值观。所以，如果你发现有些人品性不好，千万不要想象自己能感化他，那不

过是幼稚的一厢情愿。因为品性是长期的生活积累造就的。这样的人可能短期会有一点小作为，但长期一定会失败。

因此，招人一定要先看价值观。江山易改，本性难移，讲的就是价值观。正如德鲁克所言："管理者的任务不是去改变人。管理者的任务，在于运用每一个人的才干。就像'塔兰特寓言'所说的一样，管理者的任务就是要让各人的才智、健康以及抱负得到充分发挥，从而使组织的整体效益得到成倍的增长。"因此，千万不要试图去改变别人，只能选择对的人。特别是管理者在面试时听到的所有语言，只能作为一个参考，因为面试者为了得到这份工作，讲的话不一定是真的。

给大家讲讲我最近的一次面试经历——

昨天，我准备面试一位财务部门的预收款专员。在面试前，这位候选人已经闯过了招聘专员、财务总监和财务副总裁的三轮面试，而我是最后一轮面试官。

在预约面试时间时，我询问招聘官："这个人现在是离职还是在职状态？"

招聘官告诉我："离职状态，她现在没有工作！"

我追问道："什么时候开始没有工作的？"

招聘官说："半年之前就没有工作了。"

我点头道："好啊！那就请她今天下午两点钟来复试吧！如果实在来不及，那么下午六点钟也可以。如果这个时间也不行，明天下午等我上完课也可以！"

073

一个小时后，招聘官告诉我："这个候选人来不了！"

"为什么？"

"她在苏州！"

"在苏州干什么？"

"旅游！"

"那她什么时候才能来呢？"

"她说要到下周周末才能来。"

我马上告诉招聘官："那她不用来了！"慎重起见，我让招聘官把前面三位面试官全部叫到我的办公室来。

我翻开这位候选人的简历，发现这位候选人的简历上对 2024 年 1 月到 7 月这段时间的工作描述是空白的，我问他们："你们问过她这段时间在做什么吗？"

其中一位面试官回答道："问过！她生病了。"

我追问道："生了什么病？"

"没具体问。"

"住院了吗？"

"住了！"

"住了多久？"

"也没具体问。"

"那你们为什么要把这个人推给我呢？"

"因为她的学历和工作经历都很优秀啊！她毕业于名校，过去也在四大会计师事务所工作过……"

"是的，我在简历中看到了。但是，她为什么在过去三年之中换了三份工作？"

……

我为什么拒绝这位候选人呢？因为如果她真的需要找工作，那么当董事长给了她三个复试时间时，她怎么会一口回绝呢？在旅游和工作之间，她选择了旅游，这就是她的价值判断——旅游比工作更重要。仅凭这一点，我就能判断出这个人的价值观和我们公司并不匹配。而其他面试官在选人时，关注的是这位候选人冰山在水面之上的部分——知识、技能、经验，却忽略了冰山在水面之下的部分——这个人的价值观与组织是否匹配。价值观的匹配度是招人的"一票决定权"。老祖宗很早就提醒我们：德不配位，必有灾殃。一旦价值观出了问题，那就是大问题。

那如何才能判断出一个人的价值观是不是和组织匹配呢？要回答这个问题，首先你要明确组织的价值观是

什么。

什么叫组织的价值观？即这个组织认为什么是对的、什么是错的、倡导什么、反对什么。价值观是企业的游戏规则，是任何人都不可以触碰的红线，是每一个组织成员思考和行为的根本准则。只有明确组织的价值观后，我们才能有一个明确的参照系，去判断这个人的价值观与组织是否匹配。

然而，大多数中国企业的价值观都不明确。它们卡在哪里呢？

卡点1：千人千面，组织没有共同的价值观

世界上找不到两片相同的树叶，同样也找不到两个相同的人。这是因为每个人的生活背景、学历、资源、基因等都不同。既然千人千面，那么企业只能以不变应万变。不变的是什么？组织要有共同的价值观。

共同的价值观意味着共同的价值标准和共同的行为准则。它能给组织带来什么好处呢？不用管人。因为根本管不了人，只能靠价值观来激发和驱动人。当组织中的人

076

有了共同的价值观，他们自然就会同德；有了共同的道德准则，他们才会同心；当所有组织成员同心后，他们才能同行。

这就好比找男女朋友，一定要找价值观契合的。如果价值观不一致，那么沟通起来就很困难：你认为好的，他认为不好；你认为对的，他认为不对。同样，一个组织要同德同心同行，就必须找到价值观匹配的人。因为一个人是否喜欢一份工作，本质上取决于这份工作能否让他忠于自己，是否与他本身的价值观相契合。如果它违反了个人的价值观，就会让人陷入一种巨大的内耗之中。

卡点2：价值观又乱又散

许多组织确实提出了自己的价值观，但它们的价值观又乱又散。比如，许多企业会把世间所有美好的语言全部挂在墙上：创新、诚信、奋斗、敬业、勤奋……但是，这些和我们的业务有什么关系？与组织的使命有什么关系？与组织的战略有什么关系？和我们的行为有什么关系？我们要这些价值观的目的是什么？很少有人深度思考这些问题。

请注意，价值观是最重要的价值标准，这意味着我们要对所有价值标准进行排序，从中找到最重要的价值标准。

卡点3：把价值观当成装饰用的"花瓶"

企业在价值观上犯的第三个错误是把价值观当成装饰用的"花瓶"。

许多情况下，这些价值观都是由办公室主任去各大知名公司抄回来的，经过一抄二改，就变成了组织的价值观，挂在墙上装饰用。但实际上，这种价值观没有根，也找不到来龙去脉，只不过是挂在墙上的口号，不可能真正渗透到组织成员的思维方式和行为方式之中。

真正的价值观不是花瓶，它是筛选人才的"筛子"。一个组织需要大量用人，但其中一部分人天然与组织价值观不匹配，企业只有通过价值观把那一部分天然不匹配的人排除在外，才能真正用组织价值观来凝聚人心，让组织中的所有人同德同心同行。

价值观渗透：五层渗透模型

组织的价值观从何而来？我们必须找到价值观的来龙去脉，才能真正发挥出价值观的效用。

◇ 首先，组织的价值观来源于一号位的信仰、意志和决心。

一个组织的价值观来自哪里？一号位。企业是企业家的另一个自我，是其内心的映射。企业家创办这家公司，他的初心是什么？又是什么支撑他走到今天的？

一号位必须拷问自己：我有没有崇高的使命？我有没有长期目标？我有没有战略落地的决心？价值观与使命、愿景和战略是一脉相承的，价值观上承组织使命，下接组织战略，最终会落到组织成员的行为上。好的价值观一定是遵道明德的，它是基于使命、基于愿景、基于战略的。

◇ 其次，一号位要明确价值观的标准。

企业组织最重要的价值标准是什么？"用户第一"。尤其是在移动互联网时代，商业环境更加透明，主动权、

选择权和决策权都掌握在用户手中。只有对用户虔诚和痴迷的公司，才能成为商场上的赢家。然而，"用户第一"已经是老生常谈，但极少有企业能真正做到"用户第一"。为什么呢？我认为关键在于企业对价值观的标准不清晰、不具象，导致组织成员无法将理念变成工作场景中的行为指南。

什么叫"用户第一"？我们不能仅仅停留在理念和概念上，而是要像剥洋葱一样，将"用户第一"这个价值观一层层地分解到行为和场景之中。只有对理念进行分解和阐释，才能将这个理念具象化，并最终给出具体的动作场景要求，让每个人都能听得懂、学得会，这样组织成员才能真正把"用户第一"的价值观落地到日常工作中去。

下文就以行动教育为例，详细阐述我们是如何一步步将价值观的标准落地到行为和场景中去的（见表2-1）。

第一层：价值观

作为一个商业组织，企业必须努力将有限的资源转化为用户价值。只有用户买单了，企业才有收入、利润以及现金流，才能做大做强。因此，我们要深刻地认识到：企业赖以生存的基础是用户，因为用户是唯一持续的现金入口，其他一切都是成本。

如果你研究过那些优秀标杆企业的价值观，你会发现它们无一例外都提到了用户 / 客户——

- 腾讯：用户为本
- 阿里巴巴：客户第一
- 华为：以客户为中心
- 亚马逊：顾客至上
- ……

为什么这些优秀企业都不谋而合地把用户放在第一位？因为价值观是价值创造的底层动力，只有先有了"用户第一"的价值观，企业才会竭尽全力地去为用户创造价值。因此，如果一家企业要为用户创造价值，那么最重要的价值标准只有一条："用户第一"，一切为了成就用户。

请注意，这个价值标准是企业的底线，不是高线。也就是说，这个价值观一旦被提出来，它就为了组织成员不

表 2-1 行动教育的

品德	原则	怎样做	
		行为	场景（部分示例）
用户第一 诚信为本	绝不虚假	1. 不说假大空话 2. 说话做事有依据 3. 为人正直	（不说假大空话的 3 个正面场景） 场景 1：我们每周都要考查拜访量，每周要拜访四家客户。记得有一次一个同事没有去拜访客户，他就叫我写上"陪访"。我果断拒绝了他，我觉得做人就应该真实点。没达到拜访量就是没达到 场景 2：陈 A 是公司销售人员，在填写 CRM 系统、填写日志、提报每日目标计划、填写每次学习改进计划时，他都提供可追寻的数据、名单、资料信息，并详细阐述事情缘由 场景 3：我在开发一个《浓缩 EMBA 课程的客户，在即将成交时遇到障碍。客户说他的朋友报名时缴了 25800 元，为什么我要被收 35800 元。我就跟他解释说我们有 10 人团单价格政策，公司的课程价格一直都是透明、公开的，而作为公司的销售人员，我们也严格遵守公司的价格体系
	不找借口	1. 100% 担当责任 2. 向内思维，不抱怨 3. 对工作成果负责	

价值观准则（部分）

打分			打分
	不能做		
	行为	场景（部分示例）	
	1. 说假话、空话、套话 2. 主观臆断、不实事求是 3. 对损害公司利益的行为不加以制止	（说假话、空话、套话的 2 个场景） 场景 1：A 伙伴经常出去，都和领导说是去拜访客户，实则是去外面玩。回公司后，当领导问及客户情况时，他就说客户出去了，所以没有见到客户，要下次再去拜访 场景 2：B 伙伴在 CRM 系统中建立了一个虚假客户，公司名及电话都是不存在的，该伙伴打着这个虚假客户的旗号，多次不到岗，并在 CRM 系统中填写客户拜访记录	
	1. 遇到问题时，指责抱怨别人 2. 认为自己是一个受害者 3. 逃避、拖延、冷漠		

083

品德	原则	怎样做	
		行为	场景（部分示例）
用户第一	诚信为本	有责任心	1. 要求别人的事情自己先做到 2. 第一次就把事情做好 3. 有主人翁意识	
		坚守承诺	1. 答应别人的事情，一定要做到 2. 全力以赴达成既定目标 3. 敢于承担后果	
		值得信赖	1. 做事独当一面 2. 严于律己，尊重他人 3. 利他爱人，凡事感恩	

（续）

	不能做		
打分	行为	场景（部分示例）	打分
	1. 做事敷衍，推一下动一下 2. 学习力不够，不爱钻研 3. 投机取巧		
	1. 乱承诺、说话不算数 2. 没有说到做到的决心 3. 不敢承担后果		
	1. 太计较个人利益，不顾全大局 2. 对别人苛刻，对自己降低标准 3. 损人利己		

085

能触碰的红线。谁违反了"用户第一"的底线原则，谁就必须要离开。

第二层：品德

如何才能实现"用户第一"呢？组织成员必须具备什么样的品德呢？行动教育对组织成员的品德要求只有两条：诚信为本，实效第一。现在让我们再回头去看，你会发现许多企业提出的诚信、创新、奋斗、敬业等实则是组织对成员的品德要求。如果组织把所有品德都上升为价值观，那么价值观就显得过于散乱。这会让组织成员在执行时无所适从，就像一个人要同时抓好几只兔子，就很难判断哪一只是焦点。因此，确定价值观要明确价值排序，取一舍九，找到最重要的那个价值标准。

第三层：原则

有了品德还不够，接下来还要将品德分解为具体的做事原则。

比如，什么叫"诚信为本"？行动教育把这项品德又细分为 5 项原则：绝不虚假、不找借口、有责任心、坚守承诺、值得信赖。

第四层：行为

到这里还要继续往下推演，将原则进一步分解到行为。为什么要把原则落到行为上？为了让组织成员尽可能理解一致。因为只有理解一致，才可能有执行的一致。

行为又包括两个维度：哪些行为是对的？哪些行为是错的？

譬如说，"绝不虚假"这条原则可以被分解为三个正面行为和三个负面行为。正面行为包括：不说假大空话；说话做事有依据；为人正直。负面行为则包括：说假话、空话、套话；主观臆断、不实事求是；对损害公司利益的行为不加以制止。

第五层：场景

这些行为会发生在哪些具体的场景中呢？企业还要将行为植入具体场景之中。比如，以"不说假大空话"这个行为为例，我们还要展开描述三个典型场景：

- 场景 1：我们每周都要考查拜访量，每周要拜访四家客户。记得有一次，一个同事没有去拜访客户，他就叫我写上"陪访"。我果断拒绝了他，我觉得做人就应该真实点。没达到拜访量，就是没达到。

- 场景 2：陈 A 是公司销售人员，在填写 CRM 系统、填写日志、提报每日目标计划、填写每次学习改进计划时，他都提供可追寻的数据、名单、资料、信息，并详细阐述事情缘由。

- 场景 3：我在开发一个《浓缩 EMBA》课程的客户，在即将成交时遇到障碍。客户说他的朋友报名时缴了 25800 元，为什么他要被收 35800 元。我就跟他解释说，我们有 10 人团单价格政策，公司的课程价格一直都是透明、公开的，而作为公司的销售人员，我们也严格遵守公司的价格体系。

　　最后，当价值观的标准清晰后，组织还要匹配相应的价值观考核机制和奖罚制度，以制度来保障价值观的落地。在现实经营中，大多数企业只会考核组织成员的业绩，但实际上，价值观也是需要考核的。对于价值观良好的正面典型，要给予奖励；对于不符合组织价值观的成员，要坚决处罚，否则价值观就成了空话。

比如，行动教育会举办价值观大赛，通过层层选拔，树立价值观的正面典型；与此同时，行动教育也明确提出了一系列禁止行为，一旦员工触及价值观红线，会被直接开除。譬如说，如果有人在 CRM 系统中提供虚假信息，一经查证，就会被开除。价值观是考核出来的，必须做到奖罚分明。

综上所述，按照"价值观—品德—原则—行为—场景"五层渗透模型，价值观要一层一层地往里走，直到落地到日常工作的场景和行为中。最终，要让每一个组织成员都能清晰地知道：怎样做才是符合组织价值观的，哪些事情是坚决不能做的、会触犯组织价值观红线的。通过层层分解，落地到具体的行为和场景中，才能最终明确组织价值观的标准，并使得这个标准可参考、可衡量、可考核。

◇ 最后，价值观要渗透到组织全员。

其实，价值观渗透的过程就是提炼价值观的过程。也

089

就是说，从价值观到品德，到原则，到行为，再到场景，它们到底是怎么被提炼出来的呢？我们要找到价值观的来龙去脉。

第一步：一号位要亲自撰写第一稿

一号位要基于组织的使命、愿景和战略，提出他认为最重要的价值准则是什么，奉行品德是什么，应该将其分解为哪些原则，这些原则对应的动作和场景有哪些。因此，一号位要深度思考，而不是把这件事情交给办公室主任，让办公室主任在墙上贴宣传语。

第二步："四大天王"参与共创第二稿

为什么要让人财物销"四大天王"参与共创？因为参与的过程就是教育的过程，参与的过程就是统一思想的过程，参与的过程就是达成共识的过程。因此，当一号位完成第一稿后，再由人财物销四大关键岗位对第一稿进行讨论和补充，形成第二稿。

第三步：垂直线各自形成讨论稿

接下来，"四大天王"组织各自分管的垂直线领导干部对第二稿进行讨论和完善，形成各垂直线的讨论稿。

第四步：文化重塑小组形成合并报告

为了推进价值观的落地，企业还要专门成立文化重塑小组，由一号位亲自挂帅、担任组长，由人力资源副总裁担任执行组长。各垂直线完成讨论稿后，上交给文化重塑小组，由文化重塑小组合并报告，形成第三稿。

第五步：干部学习讨论

文化重塑小组完成第三稿后，企业要组织所有领导干部分组分段对第三稿进行学习研讨，并制订相应的改进计划。文化重塑小组收集各部门的讨论意见和改进计划后，形成第四稿。请注意，从第一稿到第四稿都要由一号位亲自把关，千万不能偏离了组织的使命、愿景、战略这个主航道。

第六步：全员学习分享，全员通关考试

最后，企业要组织全员进行学习和分享，分公司、分部门进行归纳总结。学习结束后，再组织全员进行通关考试。

简言之，全员参与价值观提炼的过程就是价值观共创和价值观渗透的过程。在这个过程中，我们可以建立团队的共识，完成组织价值观的渗透。因为价值观的核心就是用户价值，所以价值观渗透的过程就是把用户价值植入组织成员心中的过程。只有让价值观深入每一个组织成员的心里，才能激发出他们为用户创造价值的初心。

价值观落地："上下左右"模型

明确组织价值观后，接下来，如何落地到行为呢？除了用文化来凝聚人心，还要用制度去驾驭人性。再好的价值观，也一定要通过各种制度设计，才能变成组织成员的实际行为。根据实践经验，我们总结了一个简单的"上下左右"模型。

"上"：领导者要以身作则

"上"不仅指一号位，还包括所有管理层。一号位和管理层要成为价值观的践行者和传播者，通过自身的行为来诠释其内涵，成为组织的价值观标杆，起到带头模范作用。身教重于言传，管理者做事的方法论、思考方式、决策逻辑无时无刻不在传递着一家企业的价值观，所以管理者必须要相信组织的使命、愿景、战略，并用自己的实际行动去践行"用户第一"的价值准则。

"下"：全员反省和宣告

"下"是指全员每天早上要做反省和宣告。也就是说，我们要把公司的使命、愿景和价值观变成一个文化体系或文化手册，并且每天都要进行宣告。价值观要天天讲、月月讲、年年讲。此外，价值观还要天天用、月月用、年年用，在用中反省我们的行为当中还有哪些没有做到位的地方。反省就是最好的学习方式。

"左"：入口——让符合价值观的人进来

"左"是指在组织成员的入口处，也就是招聘时，要把价值观作为最重要的选拔标准，找到那些符合组织价值观的人。在选拔人才时，许多企业首先评估的是业务能力，但我们始终认为：一定要把价值观作为人才选拔最重要的标准。企业要选择德才兼备者，且必须以德为先。德高于一切。这是因为绝大多数人的价值观是难以改变的，

而且千人千面，所以在组织的入口处就要严格把关，把那些价值观与组织不匹配的人排除在外，让组织保持一个相对纯净的环境。因为与组织价值观不符的人迟早会出问题，越晚出问题危害越大。

"右"：出口——让不符合价值观的人出去

除了在入口上把好关，还要从出口上保证内部人才的动态优化。无论是高管还是普通员工，无论是新员工还是老员工，只要触碰了组织价值观的红线，就会被清除出组织。如果没能及时地把与组织价值观不合的人清除出去，那么他们可能会像蝗虫一样在公司蔓延开来。

为什么要设置出口？因为即便组织在入口处已经尽量地排除掉了那些天然与组织价值观不合的人，但也可能出现以下三种情况：一是面试官看走了眼，没有识别出面试者的"伪装"，不小心放进来一些天然与组织价值观不合的人；二是人的行为表现会受到环境的影响；三是人的心态可能会发生变化：过去这个人什么也没有，因此他愿意奋斗，一旦他的欲望得到了满足，他就开始懈怠，慢慢与组织的价值观渐行渐远。但是，组织需要把员工组合在一起工作。那么，如何让这些与组织价值观不合的人不要干扰别人呢？这个时候组织就要设计出口，及时淘汰那些与组织价值观不合的人。

组织设计这套价值观系统的目的是什么？它要以价值观为标准来筛选人才、约束人才，将组织从一个利益共同体升维为价值观共同体，以更好地面对外部挑战。

归根结底，一个组织要有共同的信仰——共同的使命、愿景、价值观，这些顶层设计决定了组织成员的行为。唯有如此，组织成员才能真正同德同心同行，真正做到一群人、一条心。人极度复杂，很难被管理。真正的人才只需要被激发，不需要被管理。所以，真正厉害的管理不是那些看似"高超"的管理技巧，而是做好思想的凝聚。思想的凝聚靠什么？靠的是共同使命的驱动，靠的是共同愿景的激发，靠的是共同价值观的约束。这才是从源头上解决人的问题，也是《孙子兵法》中所讲的"上下同欲者胜"。只有团队达成高度共识，才能真正形成组织合力。

《道德经》中有一句名言："天下万物生于有，有生于

095

无。"这句话的意思是，天下万物产生于看得见的有形的东西，有形的东西又产生于不可见的无形的东西。对组织来说，无形的东西就是公司的使命、愿景、价值观，它们不是宣传的口号，不是挂在墙上的装饰画，而是决定组织成员的思维模式和行为模式的底层操作系统。

然而，人的思想往往是组织变革中最大的阻力。管理学大师迈克尔·哈默（Michael Hammer）在20世纪90年代将流程再造的思想导入了病入膏肓的IBM，大获成功。后来，有300多家世界500强企业也实施了类似的变革，但80%以上都以失败告终。这是为什么呢？哈默研究后发现，根本的原因就在人身上，失败的企业过于关注变革中硬件的一面，而忽视了人和背后的文化环境这些软因素。其实，所有组织变革成功的关键都在人。不改变人的思想，不改良文化土壤，不改变组织环境，任何组织变革都无法成功。只有先让人的思想观念发生改变，激发出人的善意和创造力，才能将变革的阻力转变为组织变革的动力。

第 3 章

组织的架构设计：
从金字塔到同心圆

工业时代的组织架构：以产品为中心的金字塔

解决了组织的顶层设计问题，就相当于为组织培育了"用户第一"的文化土壤，这是组织的根。如果组织没有这个根，那么后续所有的组织变革就如无本之木，注定走向失败。培育好组织的根，接下来组织变革就要进入下一步：组织的架构设计。组织的架构设计是组织设计中承上启下的一环，如果架构设计偏了，那么后面的流程设计、岗位设计都会走偏。

在设计组织架构之前，我们先要理清楚：当下企业用的是什么架构？这个架构是怎么来的？它的弊端是什么？

目前，大部分企业使用的组织架构仍然是一百多年前

形成的金字塔架构，这种组织架构是工业时代的产物。它
是基于内部视角的，它以产品为中心、以制造为中心，按
照职能划分，通过协调、控制来确保专业化和效率。以某
制造型企业为例，它的组织架构的逻辑是车间工人汇报给
工段长，工段长汇报给生产线主管，生产线主管汇报给服
务主管，服务主管汇报给制造部负责人，制造部负责人与
销售、工程、计划、维修、人力资源和财务部主管一起汇
报给 CEO。这种设置在今天仍然是制造型企业的典型组
织架构。

为什么这种金字塔架构能奏效呢？因为在那个年代，
企业面对的是一个供不应求的产品稀缺市场。只要企业能
快速地生产出产品，就会有客户购买。因此，彼时设计的
组织架构以产品为中心，不需要考虑用户需求。最有名的
例证就是福特汽车公司的组织架构。福特曾讲过："顾客
可以将这辆车漆成任何他想要的颜色，只要它原本是黑色
的。"出于对成本、效率和价格的控制，企业采用的是大
规模、标准化的生产作业流程，这样就可以高效率地满足
顾客的标准化需求，大大提高生产效率。

然而，今天市场的供求关系已发生大逆转，消费者在产品选择方面的话语权越来越大。谁能快速满足用户的需求，谁才能获得用户的青睐。在这种新的形势下，传统金字塔架构的弊端就逐渐显现出来。

弊端1："唯上"主义——脑袋对着领导，屁股对着用户

金字塔架构的底层逻辑不是以用户为中心的，而是以领导为中心的。用户对员工根本没什么影响，而领导却能决定员工的"生死"。比如，作为组织的一号位，你选拔公司的 CEO 副总裁，副总裁再来选拔总经理，总经理选拔厂长，厂长选拔部门经理，部门经理选拔基层员工。对进入这个组织的每个人来说，都是领导把我招进来的，领导给我安排工作，领导决定我能否升职加薪……因此，每个人心目中只有领导，根本看不到用户，看不到用户价值。

请注意，金字塔架构到底满足了谁的欲望？它满足了老板的欲望。整个组织从上到下歌功颂德。组织规模越大，老板越高高在上，这种自我陶醉的感觉会麻痹相当一

部分人。一旦老板沉醉其中，接下来所有管理层都会上行下效，各自为政，各占山头，以自己的利益为主导。为什么"南郭先生"能滥竽充数呢？实际上，"南郭先生"相当聪明，他就是利用了组织的漏洞，找到了一种不劳而获的"捷径"。他混在这样一个组织中，用这种方式享受荣华富贵。当然，最后一切皆因果，组织的成果会打破所有领导高高在上的幻觉。因为在这样的组织中，所有人的动作都严重违背了商业的本质。

弊端2：远离用户——员工"动腿"，领导"动嘴"

金字塔架构的第二个弊端是组织核心人员远离用户。管理大师彼得·德鲁克讲过一句话："关于企业的目的，只有一个正确而有效的定义，那就是'创造顾客'。"这句话一针见血地指出了用户是企业存活的基石。尤其在今天的用户主权时代，用户成了竞争的焦点。因此，华为才说：客户是企业之魂，要以宗教般的虔诚对待客户。

但是，在传统的金字塔架构中，却几乎看不见用户的身影。当一号位给副总裁发号施令时，副总裁不会亲自

执行，他会吩咐给分公司总经理，分公司总经理再吩咐给厂长，厂长再吩咐给部门经理，部门经理再吩咐一线员工去执行。请注意，在这个指挥链条当中，所有人都在"动嘴"，只有一个一线员工在"动腿"。

请问，这个组织架构里面有用户吗？没有！除了那位一线员工，所有人都离用户越来越远。从本质上讲，金字塔架构从源头上就不是用户导向的，它违背了"用户第一"的价值观。最终，用户在哪里？在金字塔的塔底。真正服务客户的人可能只是一个刚刚毕业的新员工，是组织里权力最小、资源最少、能力最弱的"小兵"，这个"小兵"甚至连自己公司的产品都不了解。但是，用户看到的、接触到、体验到的只有这个"小兵"的服务，这当然会严重地影响用户体验。这就是老客户大量流失、新客户很难进来的根本原因。

弊端3：信息失真——决策质量低下

金字塔架构的第三个弊端是信息失真，这导致决策质量低下。

在金字塔架构中，所有决策权都集中于上层。上层是"头脑"，基层是"手脚"。可是，"头脑"离一线太远，他们是怎么做出决策的呢？一线员工收集到用户和市场的真实信息后，层层上报，"头脑"再根据上报上来的信息做决策。然而，在层层上报的过程中，每个人都会对信息进行"粉饰"加工，放大好消息，弱化甚至屏蔽坏消息，"报喜不报忧"，导致信息传递到"头脑"那里时早已失真，最终误导"头脑"做出错误的决策。

一个典型的真实案例来自诺基亚。

欧洲工商管理学院（INSEAD）战略学教授 Quy Huy 和芬兰阿尔托大学（Aalto University）战略管理学助理教授 Timo Vuori 在研究诺基亚手机的失败案例时，访问了 76 位诺基亚中高层及外部专家后，认为造成诺基亚衰落的原因，并不在于其自身的技术落后或竞争对手的过于强大，而在其公司文化上，他们称之为"组织畏惧"。

造成"组织畏惧"有两个原因：一是公司高管以可怕著称，一些董事会成员和高管被描述为"极端地喜怒无

常"；二是诺基亚的管理体制以业绩为中心，季度业绩数据的压力让他们即使明白打造好产品需要时间的道理，但也没有动力和勇气去做长期投入，这导致的结果是"诺基亚最终把注意力和资源不成比例地进行了分配，大力投资于短期市场，开发手机设备，而对从长远来看可以与苹果一搏的操作系统开发却不够重视"。这两者结合就导致了中层只愿意向高层提供过滤后的信息，报喜不报忧。

一位中层经理分享了自己的一段经历："信息未能上达，高管都被蒙在鼓里……我记得这样的例子：当我做一个图表时，我的上司告诉我把小数点向右移动，这样才不会被骂。然后，我的上司拿改动后的图表去向高层展示。有时候，每个人都知道出了问题，我们在想，'为什么要向高管报告这些呢？它不会使事情变好。'"

一层一层的隐瞒，一层一层的过滤，使信息未能上达，坏消息都被屏蔽，真正的问题被掩盖。中层向高层报喜不报忧，高层被蒙在鼓里，陷入信息茧房。最终，核心决策层几乎丧失了基本的现实感，不清楚外面的世界正在发生什么，当然也就无法做出正确的决策。直到诺基亚把手机业务卖给微软时，时任 CEO 还很困惑而委屈地说：
"我们没有做错什么。"

组织中大多数领导者的决策失误几乎都可以归咎于
"我以为""我认为"……每个看似愚蠢的决策背后，都是
因为信息在层层上达的过程中掺杂了各种噪声，导致信息
早已失真。决策者根本不了解一线用户到底发生了哪些变
化，导致组织对用户需求变化的响应速度很慢，对竞争反
应迟钝，最终导致企业被用户和市场所淘汰。

正如企业流程管理大师迈克尔·哈默在《企业行动纲
领：再造企业运作模式的方略》一书中指出的："如今的
新经济是顾客经济，如今的市场是买方市场，从稀有物品
到稀有顾客这一转变是区别过去 10 年和未来 10 年的本质
标志。"在用户主权时代，企业要快速地满足用户不断变
化的需求，关键就在于要缩短决策者与用户之间的距离，
让决策者能直接了解用户的需求，并快速做出反应。

弊端4：部门墙厚重——组织内耗严重

金字塔架构的第四个弊端是过多的部门及层级造成部

105

门墙厚重，增加了跨部门合作、上下级沟通的难度，导致组织内耗严重。

金字塔组织通常按照职能划分团队，如市场部、销售部、研发部、生产部、人力资源部等。不同部门有各自的目标，研发部有研发的目标，销售部有销售的目标，生产部有生产的目标……看上去分工合理，但实际运营中组织内耗严重，很容易形成部门本位主义思想以及厚重的部门墙，导致各种问题：如产销脱节，要么库存积压，要么供不应求；产品定位与市场需求不一致，导致产品滞销；人力资源人员不懂业务部门需求等。在金字塔架构下，各部门负责人通常缺乏全局思维，变成了"铁路警察，各管一段"，只关心自己部门的利益，追求局部利益最大化，甚至不惜伤害用户价值。

无印良品前社长松井忠三在《解密无印良品》一书中谈起一段组织结构变革的往事。

松井忠三说："部门本位主义的根源经常存在于罹患大企业病的企业的组织结构之中。"

那段时间，无印良品为强化"造物机能"（大体相当于我们常说的"产品创新能力"），设立了三个部门：商品开发部、生产管理部和库存管理部，并分别配置了部长。其本意是让三个部门通力合作，但事与愿违，三个部门最终发展成了相互竞争的模式。

库存管理部为了减少库存，采取降价措施促销商品。如此，该部门实现了良好的库存管理，并在公司内部受到表彰。

而生产管理部的工作是确保产品品质和提升生产效率。因此，该部门为了保持高效率，对生产流程复杂的商品表现出了不满情绪。

与此同时，商品开发部为了酝酿热销商品而努力，做了许多错误的尝试。不难想象，这个部门在组织里很难得到足够的支持。

对此，松井忠三感慨，每个部门只考虑到各自的利益，却使公司整体陷入了泥潭，这就跟许多政府部门存在的官僚主义的弊病如出一辙。"在此情况下，各个部门坚

持己见，互相推卸，达不成共识。"

类似的例子在企业中屡见不鲜。曾经有一家制造型企业的老板告诉我：当他要求生产部门控制成本时，生产部门选择了最简单的方法：集中采购。这就带来了一个问题：工厂备料过多，导致库存增加。与此同时，集中采购还会消耗公司的现金流。但是，生产部门不会考虑这个问题，因为它的采购成本降下来了。至于库存消化，那是销售部门的问题。同样，现金流的问题该财务部门管辖，那也不属于生产部门管辖的范畴。

部门之间有那么多的推诿、扯皮、内耗，根源就在于每个部门都只考虑自己的局部利益，每个部门都只关心自己的任务，至于它的行为会不会伤害用户价值、伤害上下游部门链条之间的利益，都不在它的考虑范围之内。这是金字塔架构的必然结果，因为每个人都只需要对自己的任务负责、对上负责，不需要考虑用户。最后，一号位就会发现越做越累，各部门各自为政、山头林立、协调困难，矛盾越积越多，最终积重难返，陷入死循环。

我曾经听过一个关于 IBM 的笑话：问"把一个箱子从二楼搬到三楼需要多长时间"，答案是 4 个月。因为在管理规矩严格的 IBM，要搬这个箱子不能员工自己动手，必须由与公司签署了合同的搬家公司来操作，而员工又不能直接找搬家公司下任务单，因为搬家公司不会接受普通员工的下单。总之，这个员工要先层层上报，得到有关部门批准后，再把指令下达给公司的物流管理部门，再由该部门通知搬家公司，最后搬家公司派出任务单，根据任务的优先级安排一个时间完成搬运工作。你可能觉得这真是荒谬，殊不知这种事情每天都在你的企业里发生。在任何一家公司，凡是涉及部门之间的合作，都需要经过层层申请和沟通，一来二去，效率极低。

在本书的开篇，我就一针见血地指出了"组织之害"。事实上，"组织之害"的产生与今天组织所采用的组织架构有密不可分的关系。甚至可以说，正是这种金字塔架构为"组织之害"提供了温床，成为组织"蝗虫"在组织中不断蔓延的"罪魁祸首"。

因此，今天，我们必须重新审视工业时代的金字塔架

构，这种架构为我们服务了一百多年。但是，随着供求关系的逆转，旧的组织架构模式正在失效，而新的组织架构模式尚未确立。新时代背景下，金字塔架构的弊端日益凸显，大量国内外优秀企业及业界学者开始探索能够释放员工活力的新组织形式，包括无边界组织、生态型组织、自组织、青色组织等，希望以此来取代传统的金字塔组织。当然，每一种组织架构的形成，都是为了解决企业在当下阶段遇到的问题。无论其效果如何，这些探索已经证明了一点：金字塔组织架构模式已经无法满足企业当下发展的需求，组织变革已经成了企业不得不面对的问题。

焦点转移：从产品主权时代到用户主权时代

如果组织要重新设计组织架构，那么我们首先要找到"为什么"要这么做，也就是说清楚驱动组织架构改变的因素是什么。从根本上说，这一变化源于企业面临的环境发生了结构性改变，源于企业创造财富的核心来源发生了重大改变。

首先，时代背景已经发生了结构性变化：过去企业所处的时代以制造业企业和工厂为主，而现在我们处于一个产能过剩的信息化时代，企业缺的不是产品，而是市场和用户。过去企业的焦点在生产端，因此以产品为中心的金字塔组织确实满足了当时的需求。但是，今天相当一部分企业都对生产端进行了外包，市场上不缺好产品，缺的是

用户，缺的是好的用户体验。这意味着今天企业的组织架构的焦点不应该是产品，而应该是用户。

其次，企业创造财富的核心来源也发生了转移。过去财富的来源是什么？产品。谁拥有好产品，谁就能占领市场。而今天不再是产品主权时代，而是用户主权时代。也就是说，过去的产品好不好是由企业来定义的，而今天的产品好不好是由用户来定义的。因此，企业要在用户主权时代下生存，服务好用户，就必须对组织的顶层设计、架构设计、流程设计、岗位设计进行重构和升级。

相对而言，工业时代的管理是简单的。因为所有生产资料都是死的，产品也是死的，只有人是活的。而且工业时代的大部分人从事的都是体力劳动，只要把人盯住了，管理起来相对容易。这也是管理学大师泰勒在《科学管理原理》一书中主要解决的问题——如何提升体力劳动者的生产效率。

而今天的组织管理要面对的挑战则比以前要大得多。组织管理一端面对的是灵活多变的用户，另一端面对的是以脑力劳动为主的员工。也就是说，组织管理从过去的

"活（体力劳动者）—死（产品）"的管理变成了"活（脑力劳动者为主）—活（用户）"的管理，组织面临的挑战更大了。在这种时代背景下，一号位的组织设计能力和组织管理能力就变得尤其重要。如果一号位不具备组织设计和组织管理能力，那么组织就很难有竞争力。这就是为什么近年来许多世界 500 强企业破产清算，如通用汽车、克莱斯勒、日航等的破产……这些企业实际上都死于组织的不堪重负。由于组织的人实在太多了、架构太老了，最终只能破产清算。这也证明了传统的工业时代的组织架构已经不符合当下用户主权时代的需要。

今天，我们必须重新审视传统的以领导为中心的金字塔架构。这种组织架构已经为我们服务了上百年。但现在，我们需要一种新的组织架构。在我看来，组织存在的唯一目的就是为用户创造价值。而组织架构的设计，就是为了支撑组织为用户提供价值。从行动教育持续十年的组织变革实践中，我们找到的组织架构是一个以用户为中心的同心圆架构。当然，这肯定不是一个标准答案，但它是经过我们实践证明的有效的组织架构，希望能为所有想要进行组织变革的企业提供一点参考。

用户主权时代的组织架构：以用户为中心的同心圆

在用户主权时代，我们为什么提出同心圆架构？什么是同心圆架构？这种组织架构到底给组织带来了哪些改变呢？这就是本节要回答的问题。

越是复杂的事物，越要回到原点才能洞穿本质。什么是商业的原点？用户价值就是原点。一开始，你创立企业的目的可能是摆脱贫困。可是，很快你就会发现，你只有先服务好用户，先利他，才能赚到钱。没有用户，你的钱从哪里来？整个企业的所有人，包括董事长在内，都是花钱的，只有用户是给企业赚钱的。所以，无论环境如何变化，组织设计都应该瞄准一个焦点：用户价值。为了实现用户价值，企业的组织架构必须与之匹配，即以用户为中心。

这是一个难点。因为人性本能是以自我为中心的。但是，商业倒逼你必须站在用户的角度，从利己转为利他，以用户为中心，帮助用户成功。这需要多大的胸怀和格局？但无论多难，我们一定要做难而正确的事情，因为这是商业的规律，你非顺应规律不可。

这意味着什么？过去的金字塔架构的视角是由内而外的，它是从产品端出发的；而同心圆架构的视角是由外而内的，它是从用户端出发的。在同心圆架构下，一号位要检查每一个用户关键接触点上是否有组织支撑、是否有部门和岗位为用户负责，最终，组织要围绕用户价值创造形成一个闭环系统。一个好的组织设计师一定要做整体设计和闭环设计，在用户价值创造的整个旅程中不能出现卡点。

同心圆架构就是基于这一思路设计的。所谓"同心圆"，它的内圆是用户，更准确地讲，它的内圆是用户价值；外圆是组织。所有组织全部围绕用户转，形成一个个部门节点。部门到用户千万不能从上到下，而是要走直

线，直接面对用户，所有人围绕用户分工协作。同心圆架构决定了各个部门的功能不许交叉、不许重叠，且加起来能形成一个完整的用户价值共同体。当一个部门为用户创造价值时，这个部门就可以存在；反之，当用户需求发生变化，这个部门不再为用户创造价值时，它就失去了存在的必要性。

换言之，同心圆架构最大的价值是使得组织和市场形成强关联。市场变大，组织也会跟着有效地变大；当用户需求发生变化时，组织会自动随之改变。因此，同心圆组织会根据市场和用户需求的变化而保持弹性，它不像金字塔组织那样僵化，它是一个动态组织。

回想我在为行动教育做组织架构设计时，一开始采用的也是传统的金字塔架构。作为一号位，我必须使整个组织形成一个整体闭环。也就是说，从总部到各级分公司，我对每个部门、每个层级、每个岗位的责权利都要清晰。但是，当我用金字塔架构来思考时，我发现根本不可能把从上到下、从内到外的每个部门、每个层级、每个岗位的责权利理清楚。

因此，我决定打破常规，反过来从用户端切入，由外向内思考：用户是怎么知道我们的？用户是怎么进来的？用户是怎么买到我们的产品和服务的？用户是如何体验到产品的？服务用户的人是怎么来的？我们是怎么管理用户的资金流的？我们是怎么管理用户的信息流的？每回答一个问题，我就能把一个用户关键接触点和部门、岗位关联起来。这个时候，组织就呈现出了一种新的架构：同心圆架构。这种架构不会出现重叠、交叉，因为每个部门、每个岗位都是根据用户需求倒推出来的，整个组织都是基于用户价值驱动的。

传统的金字塔架构与以用户为中心的同心圆架构分别见图 3-1、图 3-2。

改变组织架构后，整个组织会发生哪些根本性的变化呢？

用户主义：用户是恒星，组织是行星

传统的金字塔架构是以领导为中心的，用户在金字塔的最底层。而同心圆架构是以用户为中心的，完全将"用

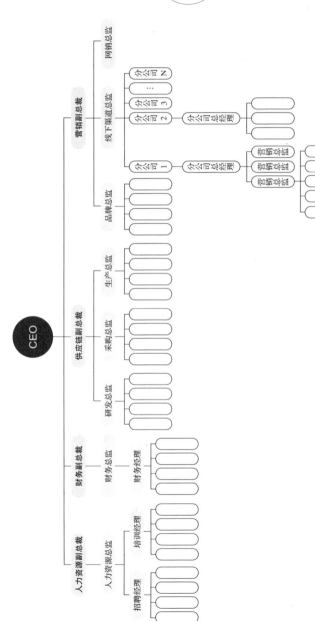

图 3-1　传统的金字塔架构

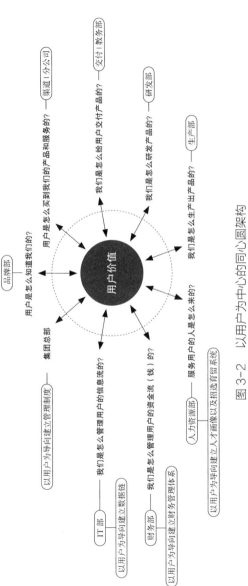

图 3-2 以用户为中心的同心圆架构

户第一"的核心价值观根植于组织中。无论时代如何变化，商业的本质是不变的，企业永远要把自己定位为用户的服务者。

这意味着什么？我们要先把主次搞清楚：用户是恒星，我们是行星，用户是主，我们是次。也就是说，我们必须打破传统的架构设计，以用户为中心重新设计组织架构，所有人围绕用户进行分工协作，所有流程、部门、岗位和员工全部围绕用户转，一切以用户为中心，一切为用户服务，一切从用户视角出发，一切为用户创造价值。用户需要什么，组织就提供什么。用户就是机会，用户就是市场，用户就是订单。

在金字塔架构中，每个部门追求的都是局部利益最大化。但是，当组织架构变成同心圆架构以后，就不存在部门利益了，所有部门的利益都对齐到用户那里，所有人的使命都是从用户价值出发、满足用户的需求。此刻，整个组织不再是以职能部门和层级架构为中心的，而是以用户价值为中心的。所有人不再需要对上面的领导负责，只需要对用户负责，因为评估每个部门、每个流程、每个岗位的唯一标准就是是否能为用户创造价值。如果某个部门、某个流程、某个岗位不再能为用户创造价值，那么就要坚决抛弃它。如此一来，企业才真正把"用户第一"的价值观落地到组织中。

总而言之，以用户为中心的同心圆组织，就是以满足用户需求、创造用户价值为目标的组织。尽管组织内的各个部门都有各自不同的定位和功能，但其背后的大目标是完全一致的，这样才能形成从发现用户需求到满足用户需求的闭环管理。

信息直达：决策重心下移

在传统金字塔架构中，信息需要自下而上、经过多重加工和粉饰，才能到达上层决策者那里，决策者离用户非常远。

而在同心圆架构中，所有部门、岗位都直接面对用户，围绕用户转，这意味着信息不再需要层层上报，而是直达决策者，组织的决策重心下移。当信息能准确、快速地直达决策者时，决策质量以及决策速度都会大大提升。

改变用户触点：组织核心层与用户零距离

在传统金字塔架构中，组织核心层离用户非常远。所有领导都是"动嘴"的，真正服务用户的是最基层的员工，他们是组织里最没有话语权的"小兵"。

而同心圆架构完全改变了接触用户的人。在这种圆形组织架构中，组织必须削减层级，实现扁平化架构。组织不需要只"动嘴"的领导，需要的是能创造价值的领导。因此，除一线员工外，领导者也要接触用户。

这个时候，用户体验就会发生质的改变。因为上下级看到的世界不一样，思考问题的方式也不一样。诺贝尔奖获得者赫伯特·西蒙曾指出，组织内的决策前提有两类：第一类是价值前提，是基于对组织使命、愿景、价值观的认定，关注的是价值大小；第二类是事实前提，是基于对现实世界及其运行方式的认知，关注的是实现途径与方式。越是高层，影响决策的因素中价值前提的成分越多；越是基层，受事实前提的影响越大。毋庸置疑，领导者的认知高度、专业能力以及调动资源的能力都远远超过了一线员工。而用户接触点的服务质量决定了用户体验的好坏，决定了用户价值的大小。因此，领导者接触用户后，用户体验会发生极大的变化。

自我驱动：责权利对称

在金字塔架构中，人的责权利其实是脱节的。为什么？因为当部门、岗位的责权利存在大量交叉时，责任就无法被界定清楚，进而产生各种内耗、推诿、指责等。在这种状态下，人的责权利是不对等的。每个人都希望拥有更多权和利，却不想承担相应的责任。

而在同心圆架构中，每个部门、每个岗位都是根据用户需求倒推出来的，因此它能清晰地定义出这个部门、这个岗位应该为用户创造什么价值，进而明确基于这个价值创造，组织应该赋予该部门或岗位什么样的资源；基于其价值创造，这个部门或岗位应该分享多少利益。一切都是基于用户价值来界定的。也就是说，我们通过流程设计、岗位设计、责权利的设计，引导和激发组织中的每个人自动以用户为中心。因为责任在那里，利益也在那里。

123

第 4 章

组织的流程设计:

从产品流到业务流

主流程再造：基于业务流形成闭环

确定同心圆架构后，就正式进入组织的流程设计环节了。流程的长短会决定组织效率的高低。当一号位深入组织的流程设计中时，你会发现有些流程是多余的、有些岗位是不能要的，因为它会导致组织效率变低。

在传统金字塔组织中，企业是按照什么逻辑来设计流程的呢？大多数企业都是根据产品流来建流程的，整个流程的起点是产品，不是用户，也就是说，它是以产品为中心来构建流程的：产品研发—原材料采购—产品生产—产品营销—产品渠道—产品销售—产品交付—产品售后。从产品研发到产品交付，整个流程全部都是以产品为中心的。如亚当·斯密所列举的大头针案例，就是一个典型的以产品为中心的生产制造型企业的流程，其目的是提升生产效率。

随着时代的变迁，企业最大的挑战不再来自产品端，而来自用户端。这意味着流程也要从产品流转向业务流。什么是业务流？即企业为实现价值创造，从输入用户需求开始，到用户需求得到满足并实现企业自身价值的业务过程。所有业务流天然是从用户到用户的，因为组织的存在本来就是为了给用户创造价值，组织不能脱离用户。

因此，今天流程设计的逻辑变了：要以用户为中心来设计流程。也就是说，今天的流程起点是用户，终点也是用户。更准确地讲，流程的起点是用户需求，终点是用户需求的满足。我们不是为了工作而工作，而是用户要什么，我们就提供什么。每一个动作都要以用户为导向来思考：用户需要什么？接下来，所有人的动作都要以提供超出用户期望的价值为交付标准。否则，以用户为中心就会沦为口号。

这就意味着：一号位要以用户为起点，沿着用户旅程，识别用户关键接触点上的用户需求，以终为始来倒推

整个企业的流程。什么叫用户旅程呢？就是一个用户从对产品一无所知到最终体验到产品所经历的整个周期。以行动教育为例，我就是从用户端切入，围绕用户旅程来梳理业务主流程的——

- 用户是怎么知道我们的？这来自品牌。未来的竞争一定是品牌的竞争，所以我们要围绕品牌建立组织，建立部门和岗位分工机制。

- 当用户对我们产生兴趣以后，用户是怎么买到我们的产品和服务的？这就涉及渠道。在行动教育，我们是通过直营渠道分公司来销售的。如果你还有经销商、代理商等间接渠道，那么你就要思考：你要选择什么样的人作为渠道合作伙伴？这就涉及渠道组织的搭建。

- 我们是怎么给用户交付产品的？用户买到我们的产品以后，就要开始上课了。用户怎么上课？在哪里上课？由谁来讲课？这里就需要搭建客户交付部门，也就是行动教育的教学中心。

- 我们是怎么研发产品的？这里就需要建立产品研发

部，产品研发也要基于用户需求来思考。

- 我们是怎么生产出产品的？是外包还是自己生产？在行动教育，我们有相当一部分课程是外包的。但是，这并不代表我们不对外包老师进行管理，我们对外包老师的管理反而更严格，所有外包课程必须要达到行动教育的高标准。因为我们外包的只是岗位，而不是责任。无论如何，我们都要基于用户的标准来选择和建设供应链。

- 服务用户的人是怎么来的？这就涉及人力资源管理。我们要找什么样的员工来服务用户？这也要基于用户需求来设计人才画像，设计人才的招选育留体系。

- 我们是怎么管理用户的资金流（钱）的？这就涉及财务线的管理，我们要基于用户需求来设计财务线。

- 我们是怎么管理用户的信息流的？这就涉及 IT 部。

- 应该如何设计总部职能，才能让总部为用户创造价值？这就涉及集团总部的搭建。

最终，行动教育的主流程以用户为中心，形成一个品

129

牌—渠道—交付—研发—生产—人才—资金—IT—总部
的业务流闭环。基于这个闭环,所有部门各司其职,分工
明确。一号位必须对整个流程了然于胸:哪些由公司自己
做?哪些要外包给别人做?哪些是公司的核心竞争力?你
需要归核化,不能什么都做。如果你不清楚这个流程,你
就不知道为什么组织需要这么多人、这些人都要干什么。

主业务流程是直接为客户创造价值的流程,所有部门
都必须在主业务流程中为客户创造价值,否则就是多余的
部门。因此,当你基于用户视角来梳理业务流程时,你大
概率会发现现有组织中存在诸多漏洞。以我自己为例,当
我基于用户视角来思考业务流程时,我突然发现我们公司
的流程存在两个很致命的问题:

一是许多关键流程节点上根本没有人负责。

比如,关于"用户是怎么知道我们的"这个问题,彼
时公司根本没有成立品牌中心,这个流程是缺失的。时
代变了,数字化的大潮早已风起云涌,而当时公司根本没
有布局 IT 数字化中心。在此之前,公司也没有研发中心,

因为公司寄希望于老师自己研发课程，而公司只聚焦卖课就可以了，但实际上，研发中心不可缺失，因为它关系到课程品质；公司虽然设立了培训部门，但没有构建起完整的人才梯队建设体系……也就是说，在流程设计上，一号位没有考虑到公司的核心竞争力，没有考虑到公司未来要靠什么生存。

二是部门与部门之间的责权利存在大量交叉、重叠，有些部门甚至根本不创造用户价值。

比如，当时我在画业务主流程时，我发现公司有一个非常大的部门——销售管理部，我根本不知道应该把它放在哪里。这个部门的主要职责是什么？统计销售数据，辅助分公司总经理做一些杂事。但实际上，财务部直接就可以把销售数据统计出来，而且还能又快又准确。而销售管理部则要一个一个地向销售人员询问、统计，不仅效率低，还容易出错。也就是说，这个部门根本没有为用户创造任何价值。虽然我隐隐感觉到了不对劲，但我当时犯了一个致命的错误：承认了内部用户（默认这个部门是为内部用户——销售部门服务的）。当我承认内部用户时，组

织就出现了一个大漏洞。实际上，内部用户只是一种理念，根本无法像外部用户一样进行市场定价。当你承认内部用户时，就很容易造成组织的臃肿，给"南郭先生"创造浑水摸鱼和滥竽充数的机会。

因此，当一号位基于用户视角把业务流程梳理出来后，就能清晰地看到：哪些部门在为用户创造价值？哪些部门没有为用户创造价值？事实上，任何与业务流程无关的部门，都应该被合并或砍掉。同时，还要确保在每个用户关键接触点上都有专门的部门来承接。唯有如此，才能保证组织能为用户创造最大的价值。为用户创造价值不是一句口号，而是要实实在在地落实在组织设计中，落实在流程节点上，落实在部门的责权利上。

严格意义上讲，部门是对组织功能的分工。如果一个部门的责权利不清晰，那么这个部门就不应该存在。

部门的"责"是什么？每个部门都要清晰地阐述：部门能为用户创造什么价值？比如，用户需要品牌，是因为用户需要知道我们是谁；用户需要渠道，是因为用户需要买到我们的产品和服务……一号位要定期审视并明确每个部门的功能与职责，确保每个部门、每个岗位、每个人都明白自己要为用户创造什么价值。并且，要将创造的用户价值量化为清晰的绩效目标。

部门的"权"是什么？每个部门为创造用户价值所需要的资源配置。过去大家的失误在哪里？很多时候，我们所做的只是为了做而做，根本没有从用户出发。所以，无论是部门还是岗位，一定要基于用户价值来分配权力和资源，只有用户价值才是权力和资源的唯一调令。

部门的"利"是什么？是回报，部门贡献的价值要与回报挂钩。多劳多得，少劳少得，不劳出局。

133

直面用户：从"段到段"到"端对端"

在传统金字塔架构中，整个流程是以"段到段"的方式传递下去的。比如，产品研发出来后，就被交给生产部门；产品生产出来后，再被交给销售部门……整个流程就像接力赛一样把产品传递下去。然而，同心圆架构不再是"段到段"的接力赛模式，而是"端对端"直达用户。

什么叫"端对端"？"端对端"就是从部门直接到用户。所有流程、部门、岗位的出发点都来自用户需求，"端对端"就是要求每个部门到用户都要走直线：从品牌到用户，从渠道到用户，从研发到用户，从生产到用户……全部走直线。两点之间，直线最短。所有部门都要直面用户，以用户为导向来构建组织：品牌到用户是直达

的，渠道到用户是直达的，研发到用户是直达的，生产到
用户是直达的……

从用户旅程出发，从用户与企业的关键接触点出发，
所有部门都是"端对端"的：左边是用户，右边是交付；
左边是用户，右边是服务。同样，所有岗位、所有人都是
一对一直面用户的，总裁要直面用户，副总裁要直面用
户。所有岗位、所有人都要直面用户来创造用户价值。

这意味着所有部门、岗位和人都要接触用户，尤其
是中后台部门。比如，研发部门过去容易闭门造车，而现
在一定要接触用户，基于用户需求来构建研发流程；人力
资源部门也要以用户为导向来进行招选育留，建立人才画
像，建立招选流程；财务部门要以用户为导向来建立财务
管理体系；IT 部门要以用户为导向来建立数据链，进行数
据化管理；总部要以用户为导向来建立管理制度……

因此，行动教育有一个惯例：所有中后台部门的负责
人都要去一线轮岗做业务。这是因为中后台部门并没有直
接接触过用户，缺乏那种对用户的真切触感。只有通过一

135

线轮岗，他们才能真正了解用户是怎么思考的、用户需要什么，才能真正以用户为导向来思考本部门应该如何为用户创造价值。譬如说，人力资源负责人只有去一线业务部门轮岗，才能直接接触一线客户，真正理解组织需要什么样的人才……这就好像一个人如果没有脚踩泥沙，就永远不可能知道泥沙的颗粒度。

无论一个组织多么庞大，所有部门、岗位和人都要以用户为起点来思考，任何人都不能离开这个同心圆而存在，任何人都逃不出用户的"手掌心"。同心圆架构的优势就是把所有组织成员统一在用户导向思维里。

子流程再造：重新定义部门分工

完成主流程再造后，接下来，我们再打开每个部门的子流程，对部门的子流程进行再造。本章，我们将列举一个案例，看看行动教育的销售部门是如何进行子流程再造的。

在思考"用户是怎么买到我们的产品和服务的"这个流程节点时，我发现公司的销售流程存在很大的问题。过去，行动教育的收单是交给销售小伙伴一个人负责的。这会造成什么问题呢？我们必须要把这个销售小伙伴培养成全能型人才：他既要会找用户，又要会提案，还要会讲课，会为用户做服务……这对销售小伙伴的要求就太高了，所以即便公司对销售小伙伴做了大量培训，但用户体验仍然不佳，成交率也不理想。

那么，如何才能提高成交率，让用户能够更快、更好地成交呢？我们就要以用户为中心，来再造销售流程。

首先，一号位要根据业务流梳理出用户关键接触点。所谓用户关键接触点，就是从全局去系统地考虑用户与公司交互的所有细节，也是从全流程去研究我们和用户的关系，研究我们与用户之间有哪些关键接触点。

其次，一号位要考虑：哪几个用户关键接触点应该成为一个岗位？其实，此时一号位就已经定义清楚了这个岗位要做哪些事情。从用户关键接触点出发做行为管理，就可以卡死这个岗位的动作。因此，根据用户关键接触点，我们就可以缩减流程，梳理出销售流程的一系列关键行为：

- 找到精准用户
- 触达用户
- 约见用户
- 为用户提案
- 邀请用户来上课
- 现场与课程导师沟通
- 达成合作

最后，一号位要根据不同的关键动作定义岗位角色。整个销售流程涉及三个关键岗位角色：

- **第一个岗位：一线销售人员。**一线销售人员只需要做三个动作：一是找到精准用户，二是触达用户，三是约见用户。如果一线销售人员已经成功约见用户，后续只要这个用户成单了，我们就会给这位一线销售人员相应的提成。

- **第二个岗位：分公司总经理。**一线销售人员只需要做到约见用户这一步就可以了。但是，约见不等于成单。这个时候，第二个岗位就出现了。过去我们直接让一线销售人员去向用户提案，但实际上，一线销售人员的专业能力很难打动用户。因此，为用户提案这个动作就不再靠一线销售人员来完成，而是交给专业能力更强的分公司总经理来完成。一旦提案成功，用户就会来到课程现场。

- **第三个岗位：课程导师。**用户体验完课程后，就会产生与课程导师沟通的需求。那么，最终由课程导师来负责解答用户的专业疑问，自然地促成与用户的进一步合作。

139

　　通过对销售流程的再造，用户成交率自然就会大幅提升。因为在每个用户关键接触点上，我们都基于用户在每个阶段的需求，找到该用户关键接触点上最专业的服务人员，使得用户体验达到最优。在整个销售流程中，各个岗位分工明确，并通过行为管理卡死每个岗位的关键动作。与此同时，每个岗位角色各骋所长，最终形成了整体竞争力。这就是子流程再造的底层逻辑。

第 5 章

组织的岗位设计:
清晰定义责权利

人人一张岗位损益表，人人都是价值创造者

从部门"合奏"到岗位"独奏"："南郭先生"现形记

完成流程设计后，接下来我们还要继续穿透下去：打开部门，进行岗位设计。某个岗位该不该要？要多少人员？同一个岗位纵向的层级怎么设计？如何评估这个岗位创造的价值？如何保证奖罚分明？这些问题是一号位在组织设计中很容易忽略的重点，也是组织"蝗虫"和"南郭先生"蔓延的直接原因。

在回答上面的问题之前，请先思考一个问题：人是如何进入组织当中的？因为组织当中有一个岗位，有一个角色需求，所以引入了人。因此，这个角色一定是有目标、有责权利的。对任何一个岗位，你必须量化出它创造的价值，量化出它的责权利，才能在组织中设置这个岗位。但在现实中，许多老板是没有这种思维方式的。

根据我们对企业的观察，即便是管理能力很强的大公司，老板最多也只能管理到分公司或子公司的利润表。但这样的管理仍存在很大的漏洞。

举个例子：一号位要求工厂的厂长上缴利润，厂长再去向下面的车间主任提要求。这时，车间主任提出要招 10 个人。那为什么是 10 个人，不是 5 个人呢？这个事情没有人去管。当公司生意好的时候，大家各自安好，这些问题都会被掩盖。但是，一旦生意不好，公司就开始追责。怎么追责呢？一般是先追厂长的责任，然后裁掉一部分底下的员工。厂长可能出于内疚主动请辞，公司又换了另一个人来担任厂长。但实际上，这个动作并没有真正解决问题。因为真正的问题是：公司的流程有没有被重新定义？这些岗位该不该要？应该怎么设计每个岗位背后的责权利？并且，责权利应该是动态变化的。最后，怎么设计

对应的机制管理？当没有人来负责这些真正的问题时，组织的"蝗虫"就会不断地蔓延，直到把整个组织的血肉全部吸干。

在行动教育，任何人要求增加一个岗位，我都要拷问清楚：这个岗位创造的价值是什么？同时，必须要交给我一张岗位损益表，有了岗位损益表，我才会考虑是否增加这个岗位。换句话说，任何一个岗位，如果没有清晰的责权利，那么它就不应该存在。唯有如此，我们才能把那些滥竽充数、浑水摸鱼的"蝗虫"全部清理出来。

回想一下，在滥竽充数的故事里，"南郭先生"是如何暴露的？公元前301年，齐宣王死去，儿子齐湣王继位。齐湣王不知道乐队里混进来了"南郭先生"。但是，他和父亲不一样，他不喜欢听合奏，喜欢听独奏。这个时候，滥竽充数的"南郭先生"就装不下去了。你可能会问："南郭先生"混在乐队里那么多年，他为什么不学吹竽呢？因为人性。人性追求舒服。当"南郭先生"通过滥竽充数就能获得回报，且没有任何损失时，他为什么要去学吹竽呢？

144

同理，要让组织中的"南郭先生"现形，你不能让所有人都混在一起"合奏"，而是要让每个岗位"独奏"。因此，岗位设计的底层逻辑是：让每个岗位都成为独立的经营者，保证人人一张岗位损益表。通过岗位损益表，尽可能地将每个人创造的收入、消耗的成本、创造的利润一一核算出来。这个时候，"南郭先生"就再也无处遁形。

为什么要让岗位"独奏"，不能把人放在一起考核呢？还是因为人性。

我们小时候就听说过"一个和尚有水喝，两个和尚抬水喝，三个和尚没水喝"的寓言故事。实际上，一人挑水是挑两桶，两个人是抬一桶，效率已经减半了。到了三个人挑水，效率居然直接降到零。这种"三个和尚没水喝"的故事，几乎每天都在企业中上演。

社会心理学中的社会惰化理论正好揭示了这种现象。20世纪10年代，法国农业工程师马克斯·林格尔曼（Max Ringelmann）在拉绳实验中比较了个人绩效和群体绩效。他原本以为，群体绩效等于个人绩效之和，即 3 个人一起

145

拉绳的拉力是一个人单独拉绳时的 3 倍，8 个人一起拉绳的拉力是一个人单独拉绳时的 8 倍。但实验结果显示，3 人群体产生的拉力只是个人拉力的 2.5 倍，8 人群体产生的拉力不足个人拉力的 4 倍。也就是说，当群体人数增加时，每个个体平均出力会减少。马克斯·林格尔曼将这种现象称为"社会惰化"。

这是为什么呢？因为人在团队中工作时，他的责任感被分散了，个人评价的压力减弱了，他就会降低努力程度。所以，我们经常发现：责任÷2=0。可以说，压力越大，努力程度就越高。因此，只有一个人的时候压力最大，此时发生社会惰化的可能性就比较小。

另外，人还有比较的天性。当一个人看到团队中的同事不努力时，他就会感到不公平："既然别人不努力能得到同样的回报，那我为什么要多付出呢？"所以，他就会降低努力程度。在《科学管理原理》一书中，泰勒讲述了一个引人深思的小故事——

我曾经在一个工人回来后（备注：此前这名工人和其

他多位铲装工人一起从伯利恒跳槽去了单件薪水更高的公司），和他进行了如下对话——

"帕特里克，你怎么又回来了？我还以为我们失去你了呢。"

"哎呀，先生，我来告诉你是怎么回事儿吧。当我们到那儿以后，我和吉米及其他八个人被安排到一辆车上。我们就像之前在伯利恒干的一样开始铲矿石。大约半个小时后，我发现我旁边的一个小混蛋几乎什么也没干，所以我对他说，'你为什么不干活啊？我们要是不把这车矿石卸完就拿不到今天的工资。'他转过来对我说，'你管得着吗？你是谁啊？'我说，'好吧，我是谁和你没关系。'可这个小混蛋站到我面前说，'你少管闲事，否则我就把你扔到车下面去！'就这样，我本来应该吐口吐沫把他淹死，但是我发现其他人都放下了铲子，看上去好像要帮他一样；所以我转向吉米，对他说（也让大伙都能听到），'好吧，吉米，现在这个小混蛋铲一铲子，咱们就铲一铲子，绝不多铲一下。'于是我和吉米看着那个小混蛋，他铲我们才铲。——等到发薪水那天，我们的工资要比在伯

利恒少。之后我和吉米找到老板，让他和伯利恒一样为我们单独安排一辆车，但是他告诉我们别瞎操心。等到下一个发薪日，我们的工资还是比在伯利恒的时候少，所以我和吉米就把所有从伯利恒到匹兹堡去的伙计都集合到一起，带大家一起回到您这里工作啦。"

当每个人独立工作的时候，这些工人按照每吨 3.2 美分的标准得到的工资要比他们在小组作业中按每吨 4.9 美分得到的工资高。

这是因为当这些工人集合到一起工作时，大家的努力程度最后都会向最低水平看齐。更要命的是，这样的组织还会一起排挤高效率的人，让他们在团队中待不下去。最终，这个组织留下的都是低效率的人，组织的效率只会越来越低。

为什么会造成这种结果呢？直接原因是管理层不愿意给每个铲装工人分配单独的车辆，不愿意分别记录每个工人的工作量，不愿意按照工人所干的活付工钱。但是，正是管理层的懒惰给了工人浑水摸鱼的空间。泰勒通过精准的数据分析发现：当工人被集合为群组时，组里每个人的效率都远远低于当他的个人进取心被激发出来时的效率；当工人在一个群组里工作时，他们的个人效率几乎无一例外地降低到比这个组里效率最低的人还要低的水平；通过集合到一起，他们的工作效率非但没有提升，反而都被拉了下来。

因此，泰勒后来就采用了"差异计件工资制"来解决这个问题。在差异计件工资制下，每个女工的工资都是随着她的产量增长而按比例增长的，与她的工作质量也相匹配。

149

泰勒的发现对于今天的企业仍然有巨大的警示意义：如果一号位不对每个岗位的责任进行单独量化和考核，就很容易导致岗位的责权利脱节，所有人都只想享受权力和利益，却不愿意承担这个岗位的责任。要解决这个问题，唯一的办法就是像齐湣王一样，让每个岗位"独奏"，把每个岗位创造的价值单独计算清楚，不要给"南郭先生"和"南郭小姐"留下浑水摸鱼的空间。只有水清，才能看清楚哪条鱼是健康的、哪条鱼是生病的。

具体来说，应该如何让每个岗位"独奏"呢？在设计岗位时，我们必须给每个岗位设计一张岗位损益表，用岗位损益表把每个人的工作成果进行量化，进而保证人人都是用户价值的创造者。这个岗位损益表就是一把测量员工是否合格的尺子。有了这把尺子，奖罚就都有了客观的依据。

因此，一个组织要实现真正以用户为中心，最终的落脚点就在岗位损益表上。如果能够让每个岗位的损益表都一清二楚，每个人都能拿出一张损益表，那么组织这个问题基本上就解决了。也就是说，企业要看的不是整个组织的大损益表，而是每个岗位、每个人的小损益表。当小损益表全部盈利时，企业的大损益表一定也是盈利的。所以，组织要抓好最小单元的核算体系，让每个岗位的人效不断提升，最终才能实现整个同心圆组织效率的螺旋上升。

业务岗："当官的"考核利润，"当兵的"考核现金

应该如何设计岗位损益表呢？我们可以将岗位分为两

条线来看：一条线是业务线，业务线直接面对市场，相对而言，其岗位成果更容易被量化；另一条线是专业线，专业线的岗位成果相对较难量化，但我们在实践中也找到了一套可供借鉴的方法。

先来看业务线。让我们看看行动教育的渠道部门，即分公司。整个分公司只保留了三个层级：分公司总经理、营销总监和一线销售人员。除此以外，将其他层级和岗位全部砍掉。为什么还要保留三个层级呢？主要是考虑到人才梯队建设问题。

确定层级后，我们还要对每个岗位的动作进行重新定义和精准定位。

在我接手行动教育以前，一线销售人员的动作是非常散乱的，一会儿做培训，一会儿做服务，一会儿做沟通……一旦某个岗位的动作杂乱，就会出现浑水摸鱼的空间，员工就会做自己喜欢做的事情、做对自己有利的事情，而不是对客户有价值的事情。因此，我上任以后，要求一线销售人员每天只做一件事：约见客户，其他动作全

部删掉。请注意，打电话、发微信都不算，我要追踪的是约见客户这个成果，小伙伴要去给客户送书，去和客户沟通交流，去给客户做服务。

接下来，也要重新定义营销总监这个岗位。营销总监的岗位职责分为两段：一段是开发大客户，他的任务不是面见普通客户，而是面见大客户；另一段是带教员工，教会员工按照 SOP（标准作业流程）来操作：周一做什么，周二做什么，周三做什么……以此类推。

分公司总经理做什么呢？提案。也就是说，当营销总监面见完大客户后，由分公司总经理负责提案。他要向大客户阐述清楚：你为什么需要上课？适合上什么课？上课会给你的企业带来什么价值？

如此一来，每个岗位各司其职。同时，部门的层级要扁平化，最多不能超过 3 个层级。甚至，总部的层级也不能超过 3 级，即 CEO、副总裁、总监，其他层级全部删掉，确保每一个人都与客户关联，都为客户创造价值，都直面客户。

接下来，围绕每个岗位的职责，量化其成果并得出其岗位损益表。岗位损益表要遵循两个原则：一是"当官的"考核利润。无论是 CEO、副总裁还是分公司、项目部负责人，对其的考核都必须是利润导向的，把账算清楚；二是"当兵的"考核现金。考核要与业绩挂钩，不能给他留下滥竽充数、混吃混喝的空间。

因此，对于分公司总经理，我们要考核利润的增长。请注意，不是考核收入增长，而是考核利润增长。这是因为考核利润增长可以反向推导出他的收入增长和成本控制，只有同时保证这两个指标，才能确保最终的利润增长。

对于营销总监这个岗位，我们主要考核大客户的现金绩效。请注意，我们考核的不是合同收入，而是现金绩效。什么叫现金绩效？即消费绩效。比如，某个客户报了 10 堂课，合同总金额是 29.8 万元，那么客户每消费完一堂课，营销总监就完成了 29800 元的现金绩效。同理，对一线销售人员，也应考核其客户的现金绩效。

专业岗：以用户为导向的OTR管理

业务线的岗位损益表相对容易量化，可是，人力资源、研发、财务等部门的岗位价值贡献相对不容易量化，那么如何为这种专业岗设计岗位损益表呢？在实践过程中，我们独创了一种专业岗的成果量化方式，即OTR。

什么叫OTR？即通过目标—时间—成果来量化岗位创造的价值。其中，O是指目标（Objective），T是指时间（Time），R是指成果（Results）。请注意，这个成果不仅仅是最终产出的绩效成果，还包括阶段性成果，即过程动作。因此，OTR不仅管理结果，而且要对达标过程做行为管理。

也就是说，任何一个专业岗都必须有清晰的年目标、月目标、周目标和日目标。如果你是HR，那么每年、每月、每周、每日要面试多少人？如果你是培训专员，那么每年、每月、每周、每日要做多少场培训？定下目标以后，接下来要把完成目标的关键动作分解到各个时间段。譬如说，每天早上8:00~10:00做什么？ 10:00~12:00做什么？ 13:00~15:00 做什么？ 15:00~17:00 做什么？ 最后，所有专业岗人员要填写成果，这个成果要与用户相关联，否则就是无效的。因为无论是业务岗还是专业岗，都要围绕用户转，一切为了创造用户价值。

此外，每个专业岗位每个时间段应该要做什么事情，都需要做行为管理。

什么叫行为管理呢？我们以胖东来为例。根据丛龙峰在《组织的逻辑》一书中的描述，胖东来是这样进行行为管理的：

胖东来把整个公司划分为 10 个部门，即超市部、服饰部、电器部、珠宝部、医药部、餐饮部、时代广场、商品部、职能部门和管理部门，一共 121 个岗位。其中，每个岗位都有细致的岗位实操手册。岗位实操手册分为三种版本：纸质版的口袋书、PPT 完整版，以及实操视频。集齐这三个版本，岗位标准才算制作成熟。

仅以一个岗位的《超市部·蔬果课实操手册》为例，其 PPT 版本有 228 页，分为七个章节，其中第六章是销

155

售管理，第七小节是加工，每一种蔬菜水果的加工方式都讲得清清楚楚，有图有文字。例如，加工西瓜分为6个步骤，其中第2步是"偏离中心1厘米，分成两半"；加工韭菜分为5个步骤，第5步是"成品：捆扎2次，上下间距适中；备注：韭菜不能用水清洗（清洗易坏）"。它还包括一些陈列原则，比如，"商品陈列的层数：要根据商品的特性陈列，最多不能超过3层，像'酥梨''桃子'等怕压、怕磨损的水果只能陈列一层，商品底部必须垫有黑色双层软垫"……

也就是说，行为管理的前提是做好岗位行为的标准化。我们必须要让每个岗位都要有行为标准，将动作细化到具体的工作场景之中，保证每个岗位都有自己的工作清单。任何一个新员工到达一个新岗位，只需要接受一些简单的培训，就能按照岗位工作清单的要求完成每天的动作，且一次就把事情做对。如此一来，才能保证员工每分每秒都在为用户创造价值。

下文就以行动教育的中后台为例，来拆解我们是如何实现人人一张岗位损益表的。

品牌部的岗位损益表

行动教育的品牌部一共有四个岗位，其岗位损益表大体如下：

- 品牌总经理：负责提高品牌美誉度，并将其细化为品牌的灯塔指标，比如公司的各类关键指数排名、获得具有行业影响力的国际顶级奖项、成功举办品牌的重大公关活动，如"99 校长节"、公司年会、客户答谢会等。
- 美编设计：负责在规定时间内完成教材升级、内容升级、品牌形象升级等。
- 公众号文案：每月、每周完成若干篇公众号文章，并对文章的阅读量和转发率进行量化数据追踪。
- 网站运营：负责网站设计、运营、更新，追踪网站的访问量，并将访问量数据转给业务部，评估这个过程能产生多少销售线索，并追踪业务部门的成交率。

整个品牌部以项目制的方式运营，细分为公众传播项目、公众号文案项目、网站运营项目等，每个项目都有对

应的目标、时间和成果，细化到具体的行为管理。

研发部的岗位损益表

整个研发部门的岗位损益表包含两个维度：一是新产品的购买率及毛利率。这个指标是要将研发部门导向新品开发。公司要考核新产品的开发个数，比如一年内要完成 5 个新产品的开发。对于完成这一指标的岗位，给予相应的绩效奖金，比如 2 年内给予新产品 10% 的毛利提成。二是考核老产品的 NPS（客户净推荐值），以此来倒逼研发部门对老产品进行改良和升级。也就是说，研发部门岗位的绩效奖金来自两个方面，一是新产品的开发，二是老产品的升级。

供应链的岗位损益表

因为行动教育的供应链就是老师，所以我们就要考核老师的客户满意度、投诉率、课程复购率以及转介绍率。

人力资源部的岗位损益表

行动教育的人力资源部门包括两个关键岗位：招聘岗和培训岗。

对于招聘岗，行动教育考核的是招聘人头数。但是，招聘人头数只是人才入口的人数，还要考虑人才出口。为了保证人才的质量，我们还设定了严格的电网机制（业绩连续 3 个月不达最低标准的会"触电"）。为此我们还增加了一个指标：净增长人头数，即招聘人头数减去"触电"的人头数。假设公司本月要求人力资源完成的净增长人头数是 50 人，那么每超过 1 个人，就奖励 1000 元。

对于培训岗，我们考核的是培训的数量以及最终的人效。之所以加入人效指标，是因为它代表的是人才培育最终的产出。人效指标的高低决定了这个岗位的绩效奖金（在 70%~130% 之间浮动）。

财务部的岗位损益表

行动教育比较典型的组织变革是在财务部门。

在我接手之前，行动教育的财务部门也是以功能为中心建岗位的，纵向分为财务副总裁、财务总监、财务经理、基层财务人员四个层级，横向又分为会计、出纳、总账等，这是一个典型的以功能为中心的金字塔架构。当业

159

务量大时，财务部门就会以工作量大为由要求增加人手，比如一个会计不够，那就再招 1 个、2 个、3 个……同样，随着业务量加大，分公司也要求增加会计、出纳、总账人员……导致整个财务部门无序增加人手直至失控。随着人越来越多，管理者不想亲自动手，让别人帮他干就可以了。同样，这个帮他干的助手过一段时间也想晋升，他又会再找新人帮他干，最后这个部门在无形之中越做越大，除了高中层管理者外，还有会计 1、会计 2、会计 3……核算 1、核算 2、核算 3……

然而，当我的设计思路从金字塔架构转向同心圆架构后，就将财务部门重新分工，将整个财务部门划分为 3 个层级：财务副总裁、财务总监和财务经理。其中，财务副总裁是高层，财务总监是中层，财务经理是基层。接下来，每个层级各司其职，且每个岗位都有对应的损益表。

财务副总裁负责做什么呢？不仅要管理财务部门，还要兼职董秘。其岗位职责除管理审计、财务、证券和法务外，还要负责企业的外联工作。

财务总监干什么呢？所有与钱有关的事务都由财务总监来管理，包括财务体系的管控、融资、投资、成本、现金流、风险管控以及税务政策补贴等。财务总监的绩效考核方式是底薪加绩效提成，绩效提成根据他的成本控制率和人均利润来确定。他的薪酬就在既定绩效收入的70%~130% 之间波动。此外，如果财务总监能帮助公司申请高新技术企业、专精特新"小巨人"企业等认证，获得政策补贴，也将得到一笔相应的奖励。

财务经理承担什么职责呢？我们要沿着"收入 – 成本 = 利润"这个公式来进行设计。

- 从收入的角度看，需要设计一个会计岗位；从现金的角度看，需要设计一个出纳岗位。
- 从成本的角度看，需要有一个成本核算会计。如果公司的成本比较复杂，还要设置一个专门的岗位负责应收、应付账目的处理。
- 从利润的角度出发，还需要一个总账会计岗位和一个管理会计岗位。

从中不难看出，我们在做岗位设计时，不是基于部门工作量，而是基于用户价值拆分出岗位的。确切来说，财务部门是根据"收入 – 成本 = 利润"这个公式——拆分出来岗位。一个钉子一个眼，我们要求每个岗位必须独当一面。

对这些基层岗位，要按照什么方式来设计岗位损益表呢？按照 OTR，即目标、时间、成果。比如，应收会计的考核指标就是每月达成应收款的准确率和及时率。出纳岗位负责管钱，就要每月对现金理财的收益率负责，确保公司资金能安全地获得较高的回报率，出纳的绩效收入也会根据理财收益的结果产生 70%~130% 的波动。

IT部门的岗位损益表

行动教育的 IT 部门采用的也是项目制。比如，一名项目经理负责财务的业财一体化项目，一名项目经理负责营销数字化（CRM）项目，一名项目经理负责员工数字化管理项目，一名项目经理负责人力资源数字化项目……每名项目经理负责一个项目，代表公司与外部软件供应商对接。如此一来，每个岗位都有对应的项目完成的目标、时间和成果。

总之，要为所有专业岗位设计岗位损益表，且每个岗位的薪酬收益要根据当月该岗位的绩效贡献来做评估，绩效奖金在 70%~130% 之间浮动。如此一来，企业才能保证每个岗位都是"独奏"，人人都是创造者。

164

高绩效组织的三个特征

最终，按照组织的"顶层设计—架构设计—流程设计—岗位设计"，我们就可以设计出一个真正以用户为中心的极简高绩效组织。那么，这个极简的高绩效组织应该具备以下三个特征：

- 功能齐全，结构合理
- 责任到人：项目制、个人制、外包制
- 组织精简：轻、薄、智、快

接下来，我们详细地阐述这三个特征。

功能齐全，结构合理

首先，高绩效组织要做到功能齐全，每个用户关键接触点都要有部门和岗位负责，各个部门及岗位各司其职，共同形成一个完整的价值创造共同体。

个体户为什么做不大？因为它的功能不齐全。请注意，我们反对的不是组织发展，而是组织无序地膨胀。所以，组织精简不意味着毫无章法地减人缩编，导致组织"缺胳膊断腿"。事实上，一个"缺胳膊断腿"的组织是做不大的。比如，一家企业如果没有财务部，就很难做出科学的决策，且风险极大。一家企业如果 IT 数字化功能不健全，那么它的效率就会大打折扣。一个高绩效组织虽然精简，但"麻雀虽小，五脏俱全"，在所有用户关键接触点上都要建立部门和岗位，否则企业就会出问题。

许多企业组织精简不得法，出现功能缺位，导致组织运行不畅，组织效率反而变低了。最后，精简掉的部门和岗位又很快被恢复，砍掉的人员又被补充回来，组织再次变得肥胖臃肿，问题甚至比精简之前更严重，这就偏离了组织精简的初衷。

此外，在功能齐全的同时，组织的人才结构还要合

理。我多年来一直在行动教育推行人才结构调整，并取得了丰硕的成果。

为什么要调整人才结构呢？这也与时代的变化有关。因为当下的市场环境是严重的供给侧过剩，所以企业的组织架构一定要转向用户导向。这意味着企业的人才结构也要随之调整：从**重仓工厂到重仓市场**。过去许多企业的人才投入都偏向于生产制造端，进入用户时代后，组织要在市场端投入更大的兵力，做大海（互联网）、陆（渠道）、空（品牌）三军。如果说市场端是前台，供应链端（包括研发、生产、物流）是中台，IT、财务和人力资源是后台，那么组织就要从原来的重仓中台转向重仓前台、智能化中后台，甚至有些企业会将整个中台的生产外包出去，进而确保整个组织"前轮驱动"。

那么，应该如何配置人才结构才算合理呢？给大家一个量化的参考指标：业务岗与非业务岗的规模比例应该控制在 10:1 以内。也就是说，如果一家企业有 1000 个业务岗，那么所有管理岗和专业岗的规模总和应该控制在 100 个以内。请注意，这 100 个岗位已经涵盖了所有的管理人员以及中后台的专业岗人员。在行动教育，我们甚至将前台和中后台的比例控制在 20:1。唯有如此，才能确保整个组织"拉车的马多，坐车的人少"，如此一来，组织前进的速度就快了。反之，如果"拉车的马少，坐车的人多"，那么整个组织就拉不动了。

责任到人：项目制、个人制、外包制

其次，高绩效组织要责任到人，尽量用项目制、个人制、外包制来做组织设计。

什么叫项目制？即将部门任务尽可能地拆分为一个个小项目来管理，将项目作为最基础的管理单元。通过项目制的方式，让每个岗位直接与用户关联。譬如，行动教育IT 部门全部实行项目制：一名项目经理负责财务的业财一体化项目，一名项目经理负责营销数字化（CRM）项目，一名项目经理负责员工数字化管理项目，一名项目经理负责人力资源数字化项目……也就是说，每名项目经理负责一个项目，代表公司与外部软件供应商对接。

其实，在这个部门的设计上，我们一开始也走过弯

路，招聘了大量的软件工程师，希望由自己的团队来研发数字化软件。很快，我就发现这个部门的规模越做越大，公司不由自主地陷进去了。

为什么会出现这种情况呢？因为技术型领导最容易犯的错误就是炫技，为了专业而专业，而老板对专业不熟悉，很容易不自觉地掉入专业"陷阱"，被各种"高大上"的技术中心所迷惑，忽略了基于用户需求来构建组织的原则。最后，这个部门就变成一个无底洞，数十个甚至上百个岗位投入进去都看不见水花。实际上，这些都是大坑。类似的各种专业数字化软件，只需要找外部专业公司合作采购就可以了，并不需要自研。之后，我才果断地将这个部门改成项目制，将每个项目的责任直接分配到人。因此，任何一个部门都要切实从用户价值出发来构建组织，不要为做而做，落入炫技的陷阱。

什么叫个人制？即一个人负责一个部门。比如，行动教育有一个特殊的部门叫校友总会，专门负责运营行动教育在全国各地的校友会，这个部门就只设置了一个岗位——校友会秘书长，并且，这位秘书长还是由教学中心的负责人兼职的。只要把这个岗位的责权利定得清清楚楚，这位秘书长就能独立地为用户创造价值。这就提醒我们：企业要根据用户价值来设计管理层级，千万不要以为每个部门都应该设置高、中、低三个层级，实际上，有些部门只需要一个人就够了。如果一个人就足以为用户创造价值，那么就大胆地采用个人制。

此外，企业也可以采用外包的方式来精简组织。譬如说，行动教育的交付体系就是外包制，所有老师全部成立独立公司，独立核算。公司与老师之间签订的不是《劳动合同》，而是《劳务合同》。也就是说，老师的工资、奖金由他自己发，但老师的产品和知识产权归属于公司。同时，课程的品质、管理、流程都要按照公司的要求来执行。并且，老师只能为我们服务，不能为其他公司服务，否则双方的合作就会终止。为什么用外包制？因为这些老师收入高，如果像员工一样签订《劳动合同》，那么最高要缴纳 45% 的个人所得税，而以外包的方式合作，缴的税就要低得多。

是否需要对外包老师进行管理呢？实际上，我们对外

包老师的管理更严格。我们每周都要对外包老师进行追踪检查，如果不能遵守我们的标准、逻辑和流程要求，我们就要换人。外包的是工作，但责任没有外包，心更加没有外包。

组织精简：轻、薄、智、快

最后，高绩效组织必须满足以下四个条件：轻、薄、智、快。

所谓"轻"，就是组织必须要做到极致精简、极致瘦身。因为组织要做大，必须要保证成本同比下降，收入同比上升。以行动教育的发展路径为例：当组织只有 1 个人时，人均利润是 10-9=1；当组织发展到 10 个人时，人均利润要做到 10-8.5=1.5；当组织有 100 个人时，人均利润要做到 10-8=2；当组织发展到 500 人时，人均利润要做到 10-7=3；当组织壮大 1000 人时，人均利润要做到 10-6.5=3.5。为什么我们能做到人数增长的同时，人均成本下降、人均利润上升呢？因为组织在变轻。我们一手抓业绩，一手抓组织精简，让组织变得越来越高效。

所谓"薄"，是指组织必须扁平化。过多的层级会导致岗位膨胀，人浮于事。因此，组织要去掉中间层级，去掉服务部门，删掉一切不创造价值的部门和岗位。尽量将所有部门的管理层级控制在三级以内，以解决管理层级过多导致管理链条长、机构臃肿、管理效率低下等问题。通用电气前 CEO 杰克·韦尔奇曾做过一个精妙的比喻："毛衣就像组织的层级，它们都是隔离层。当你外出并且穿了四件毛衣的时候，你就很难感觉到外面的天气到底有多冷了。"因此，在行动教育，许多部门都没有高中基层，只有领导和员工两个层级。甚至在能用一个层级来解决问题时，最好只保留一个层级。

所谓"智"，即数智化。在数智时代，研发要数智化，生产要数智化，财务要数智化，营销要数智化，HR 要数智化……一方面，通过数智化，企业可以更加准确地了解市场需求、客户行为和业务运营的实际情况，进而做出更科学的决策，使得组织更好地适应市场，快速响应今天高度个性化、快速变化的用户需求；另一方面，通过数智化，企业可以优化业务流程，消除烦琐的环节，提高业务

171

流程的效率和灵活性。

　　所谓"快"，即组织要敏捷反应。今天市场的快速变化和用户的个性化需求对企业的敏捷能力提出了严峻考验。组织应该像足球场上的前锋一样直射球门，不要在场上传来传去。因此，组织全员都要坚持用户导向，快速应对市场需求的变化。

岗位精简的两个忠告

二八法则：砍掉80%与用户无关的岗位

组织天生就有膨胀的趋势。尤其是在过去追求规模的大环境下，许多企业都会在不经意间臃肿起来。据调查，90% 以上的企业都有"组织肥胖症"。事实上，2013 年，行动教育就患上了严重的"组织肥胖症"。那么，我是如何为行动教育"瘦身"，使其变成一个轻、薄、智、快的极简组织的呢？

彼时，我接手行动教育后，第一个动作是做战略升级：我们要宣告一个伟大的事业——我们要做世界级实效商学院。紧接着，我开始基于战略做组织变革。切记：组织变革千万不要陷入具体的人怎么安排的问题。如果你去

思考怎么安排张三、李四，你就跳不出原来的结构。最好的办法是闭上眼睛从头来过，从用户端出发，一切围绕用户推倒重来：用户是怎么知道我们的？用户是怎么开发下来的？我们是怎么服务用户的？我们是怎么让用户转介绍的？我们是怎么让用户重复购买的？把用户旅程画出来，然后再对照已有的流程和岗位，你就会发现：这个地方怎么会这么复杂？删掉！这个用户关键接触点怎么没有人负责？加岗位！这个地方怎么会有这么多人来负责？重叠，删掉！

通过对组织的重新梳理，我发现过去的组织太重了。怎么才能让组织变轻呢？我们一定要抓住牛鼻子，砍掉80%与用户无关的岗位。根据二八法则，20%的岗位可以贡献80%的价值，而剩下80%的岗位只能贡献20%的价值。也就是说，20%的人干了80%的事情，而剩下的80%的人只干了20%的事情。所以，我们首先要砍掉80%的不重要的岗位。

这意味着什么？我们要撤销一部分流程，压缩管理层级，裁撤冗余部门及岗位。在这个过程中，我们就要接受有些环节需要被删掉了。但是，有个规律是不变的，那就是谁离用户最近，谁能拿到订单，谁能拿到利润，我们就倾斜政策给他，给他更多资源，给他更多的机会。

哪些属于重要的 20% 的岗位？哪些属于不重要的 80% 的岗位呢？我们认为作为前台的营销线必须要强。只有夯实一线作战部门，企业才能保持市场端的战斗力。而中后台线则应该尽量轻薄，压缩管理干部的数量，降低专业线岗位的比例。基于这个原则，我们开始对岗位进行合并、裁撤，半年内从 1600 多人缩减到 500 多人。其中，集团总部从 300 多人削减到 30 多人，其中还包括保洁阿姨和保安大叔。最终，公司将中后台与前台的比例保持在 1:10 以下。也就是说，今天行动教育 1000 多人中，老师、管理层、中后台专业线人员全部加起来只有 100 多人，剩下的 900 多人全部压在市场端，让组织资源流向一线。

事实证明，这个思路是对的。多年来，行动教育的利润一直在高速增长，但公司的人数始终在下降，为什么？因为我始终一手抓用户价值，一手抓组织建设。组织建设不是膨胀，而是精简，使组织轻、薄、智、快。也就是

175

说，组织不仅要把钱花在刀刃上，还要把人用在刀刃上。

当然，你可能会担忧：如此大幅度地精简组织是否会对组织造成重大影响呢？马斯克为我们贡献了一个经典案例。

在马斯克接手推特公司（现更名为 X 公司）后，他将推特的约 7500 名员工裁减到 1000 多人。尽管裁员约80%，但推特的业务不仅能正常运转，而且推特的市值还上涨了。在《埃隆·马斯克传》一书中，提到一个关于推特裁员的细节：

马斯克要求他的团队："检索一下，看谁在上个月写了超过 100 行代码。"马斯克告诉他们，"我希望你们通过检索找出真写代码、真干活的人。……我们要搞清楚团队中谁写了重要的代码，在这些人中谁又写得最好。"在收购推特的 24 小时内，马斯克首先就盯住了那些不写代码、只开会的技术中层。他一针见血地指出："推特现在有 2500 名软件工程师，如果每人每天只写 3 行代码——这标准低得够可笑了吧，那一年也应该有近 300 万行啊，

176

这足够打造一个完整的操作系统了。可是目前连这个都没做到，所以说有些事很不对劲。推特搞成这样，我感觉自己像身处一场喜剧秀。"

对岗不对人：砍岗位，而非砍人

在做组织变革的过程中，我给大家的另一个忠告是：不要把矛头指向具体的人，而是要把具体的人变成流程化、标准化的岗位。切记：你砍的是岗位，不是人！

大多数老板最容易犯的错误是什么？当组织遇到问题时，大多数人都有一种本能反应：就具体的人和具体的事争论是非，谈论对错。然而，一旦你把矛头指向人时，对方就会反问你："我哪里没有做好？"只要你说出一条，他就会说"我另外 10 条都做得很好"。因此，在与人谈判的过程中，我们不要涉及个人的绩效问题，而是要告诉他："对不起，目前公司遭遇危机，组织必须缩编，所以这个岗位没有了！这是集团总部的问题，不是你的问题。"当然，公司也要依法进行 N+1 的赔偿。这也侧面说明了在组织设计上犯错的代价之大。

177

　　归根结底，做企业一定是靠真功夫，靠真正为用户创造价值。一个真正高效的组织，必须人人都能创造用户价值，人人都是创造者。这就意味着一号位必须要对每一个部门、每一个岗位严防死守，将组织精简到每个人都必须"独奏"，每个人都必须有自己的绝活儿。

第 6 章

组织的迭代升级：

让组织定期"归零"

组织的迭代升级是从源头上降本增效

如前所述，通过组织的"顶层设计—架构设计—流程设计—岗位设计"，我们已经重塑了组织。组织一迭代升级，效率就会有立竿见影的提升。尤其是当一号位深入到组织设计中时，就会发现有些部门和岗位是不能要的，因为它会影响到流程的效率。

关于这一点，我自己有切身体会。近年来，我一直在对组织进行修正，每年修正一点，这个过程大概持续了十年。今天回过头来看，我仍然犯了不少的错误，例如前文提到的销售管理部，直到2024年，我还在调整这个组织11年前留下的部门。

销售管理部负责客户数据统计、客户消费追踪、客户数据分析、发布业绩排行榜等。

2013 年接手公司时，我发现这个部门人数特别多，于是我就把这个部门的岗位砍掉了一部分。几年后，我感觉这个部门的人还是太多了，于是又把这个部门缩编了一部分。但这个部门仍被保留了下来。

但是，我始终隐隐地感觉到：这个部门的逻辑好像不对。因为这个部门的工作与财务部门的工作似乎是重叠的。其实，客户的钱一进来，财务数据就出来了，因此财务部门的数据应该更加完整和及时。同样，对于客户的消费数据，财务部门的统计也更加精确。而销售管理部的人员要拿到这些数据，还需要一个客户一个客户地去问、去找、去统计，并且找的过程中还容易遗漏。

此外，由于组织增加了这个部门，所有的销售人员都需要配合他们去统计数据。你看，这就是典型的"无事生非"，没事找事。

于是我找这个部门的负责人谈话，告诉他："这个部门要削减岗位数量！"

181

他告诉我说："不可能！"

"为什么？"

"现在忙死了，我还要加人呢！"

"为什么那么忙？你把要做的事情理一下。"

"好！"

几天后，他拿着笔记本来找我，笔记本上写满了这个部门要处理的所有工作，一页、两页、三页、四页……全部写得满满当当。

我听完他的汇报，只问了他一句话："这个部门怎么创造价值？为谁创造价值？"

他回答说："这些都是在做内部服务。"

我反问道："这些内部服务为用户创造什么价值呢？"

他哑口无言。

这个部门经不起检验之处就在这个地方：它为用户创

造什么价值？如何衡量这个部门创造的价值？如果你要他讲这个部门有什么成果，他会给你列出一大堆成果，说出很多理由。但是，如果你以用户价值来衡量，这个岗位存在的必要性就一目了然了。

最终，这个部门被财务所取代。我们先把这个部门的总经理调开，然后开始将这个部门和财务合并。每一次组织变革都会触动个人利益，尤其是人会被头衔困住。最终，这位总经理因为岗位调动的事情闹情绪，公司又对其进行安抚，就这样拖延、等待，直到最近这位高管才终于离职，当然背后的代价是一笔不菲的赔偿金。

这件事也让我反思：如果我在十年前就坚定地砍掉这个部门，那么对组织的伤害是不是小得多呢？其实，早在2013 年，我在画组织设计图时，就一直不知道把这个部门放在哪里合适。我脑海里也起过一个念头，感觉这个部门是可以和财务合并的。当时，我询问过财务负责人的意见，她告诉我不能合并，因为财务自己的事情也很多。显然，财务也不想干销售管理的工作，多一事不如少一事。

今天回过头来，我感觉当时的决策失误太遗憾了。这

个部门这么多人员，十年来造成了多少浪费。浪费的远远不止一群人十年的工资、奖金、社保、福利等，还有因为这个部门存在造成的上下游人员的时间、精力和成本的浪费。比如，他们需要经常组织别人开会，让别人配合他们的工作等。因为这些人要做事，他就会把流程变得更加复杂，这些才是组织看不见的大成本。

由于工作的关系，经常有老板和我交流企业如何降本增效，痛陈企业在制造环节、研发环节以及管理环节的各种浪费。事实上，与上面这些浪费相比，企业在组织上的浪费更加严重，也更隐形，更加看不见、摸不着。组织的浪费每天都在发生，却没有人真正去管理。如果企业能够通过组织设计和组织变革，从源头上合并、裁撤掉那些不创造用户价值的岗位，把组织内部消耗降到最小，那才能真正从源头上降本增效。需要注意的是，组织设计和组织变革不是一蹴而就的，而是常态化的。这是因为组织是为满足用户需求而构建的，而用户需求是变化的，那么组织怎么可能不变呢？但是，人性喜欢稳定、讨厌动荡，稳定会给人带来一种安全感。正因如此，不少人都沦为了组织的"奴隶"。但是，我们一定要做组织的主人，永远牢记组织是为用户创造价值的，组织要不停地迭代升级。这就好比果农为了种出更好的果子，每年冬天一定要修剪枝丫一样，组织同样也需要不断地修剪。

许多老板都有一个疑问：为什么组织最终总会膨胀起来、人浮于事？因为从组织发展的规律来看，组织必然会出现熵增。所谓组织"熵增"，是指组织会从井然有序逐渐趋向混乱无序，最终走向失控、低效甚至灭亡。而企业要想基业长青，要想始终保持高效的状态，那么必须要通过组织的迭代升级去对抗熵增，对抗"组织之害"。

185

1854 年，一位叫克劳修斯的德国物理学家首次提出了熵的概念，后来又提出了熵增定律。熵增定律是指在一个封闭的系统内，热量总是从高温物体流向低温物体，系统总是从有序状态走向无序状态，如果没有外界向这个系统输入能量的话，那么熵增的过程是不可逆的，最终会达到熵的最大状态，系统陷入混沌无序。熵增定律无处不在。比如，你把一个苹果放在这里，苹果会慢慢变成坏苹果；你把一杯开水放在这里，它会慢慢变成凉水。组织和人也遵循熵增定律。如果你不加以干预，那么组织也会从

有序走向无序。而且组织有内耗，内耗的表现形式多种多样：山头主义、各部门之间的利益争夺、各种人的私心杂念……如果我们不对组织进行管理，这个组织就会变得越来越散、效率越来越低。

因此，组织的不完美才是常态。如果你放任组织按照熵增定律去发展，最后的业绩下滑就是正常的，是符合自然规律的。如果你想要持续的业绩增长，就必须通过组织的迭代升级去反熵增，抑制组织的膨胀。增长的本质是要逆流而上，就像一杯放凉的开水，如果你想让它再变成100℃，你就必须给这杯水加热，为它输入能量。

既然按照熵增定律，企业的收入一定会越来越少，成本一定会越来越高，那么，为了保持竞争力、持续获得竞争优势，企业就非得升级不可。很多企业的做法是先从战略开始，做战略升级。完成战略升级后，随之配套的是产品升级、人才升级、客户升级、管理升级……升级的目的是什么？提质、提价、提效。通过产品升级，实现提质提价；通过人才升级，实现提质增效……因此，企业通过不断地升级来实现提质、提价、提效，最终不断提升收入、降低成本、提升利润。

可是，很多企业都忽略了一个重点：组织的迭代升级。在所有要素的升级当中，组织的迭代升级是最核心的，因为是组织把产品、人才、客户、管理等各个要素全部串在一起的，所以组织是生产力的中心。组织的迭代升级就是前面讲到的架构、流程、部门、岗位的升级。组织升级是体系的迭代性的升级，它会将整个组织缩减、压平。从这个意义上讲，组织的迭代升级是从源头上降本增效。它通过流程再造、岗位合并，删掉那些不为用户创造价值的部门和岗位，去掉组织中臃肿的"肥肉"。

但我们也不得不承认：组织的迭代升级并不容易实现。因为人天生喜欢追求稳定，追求安全，追求舒适区。这就导致一旦组织成型，所有人的工作似乎都是为了维持这个组织系统的运转。但事实上，这是本末倒置的。因为组织存在的目的是实现企业的战略目标，是满足用户的需求。而战略目标是根据社会环境和用户需求的变化而变化的，这意味着组织也应该不断地进行常态化的组织变革和组织升级，以便更好地适应市场和用户的变化。

内部矛盾：人的动态变化与组织僵化的矛盾

事实上，之所以将组织的迭代升级作为组织设计的最后一步，是因为组织设计不是一劳永逸的。这是因为每个组织都面临着内外两组矛盾：内部矛盾即人的动态变化与组织僵化的矛盾；外部矛盾即用户需求的动态变化与组织僵化的矛盾。这两组矛盾决定了一号位不能认为一次组织变革就能永久地解决组织的问题，因为组织面临的内部环境和外部环境都是动态变化的。

先来看内部矛盾的问题。在组织当中，我们经常会看到以下几种现象：

- "老人"占位。尤其是民营企业，早期大多是兄弟姐妹或亲朋好友一起创业成立的，这种熟人模式导致企业发展出一种江湖文化。在创业初期，这种文化可以产生一种强大的凝聚力。然而，随着企业逐渐发展壮大，这群一起打天下的兄弟就跟不上企业发展的脚步了。有人小富即安，逐渐懈怠；有人能力跟不上组织发展的需求……但由于历史原因，这些"老人"长期占据着组织的关键岗位。而这些"老人"都是老情感、老关系，导致一号位会被各种情感所绑架，所以要动"老人"的位置就没那么简单了。

- **新人进不来。**"老人"占位，必然会导致新人进不来。因为如果组织不对原有人员进行淘汰和调整，那么新人要么进不来，要么进来了也会由于得不到发展机会而离开，组织就会逐渐老化。长此以往，组织必然会出现人才断层。

- **能进不能出。**很多企业在人才通道上没有设计出口，人才能进不能出。而当人只能进不能出时，人才没有流动，组织就会变成一潭死水，慢慢导致冗员很多、负担很重、效率很低。

189

- 能上不能下。许多企业的干部几乎都是"干部终身制",所有干部能上不能下。譬如说,一旦经理爬到总监的岗位,无论他是否胜任、业绩目标能否完成,都不能再将他降级。这就导致许多管理者产生"躺平"心态,严重缺乏竞争意识。

这四种现象会导致组织僵化。在当下剧变的市场环境中,僵化的组织会让公司进入舒适区,诱发员工的懒惰和懈怠,加速组织的熵增。

如果任其发展,组织还会出现劣币驱逐良币的现象。因为当一个高效的员工和一群"摸鱼"的员工一同工作几天后,他的内心必然会出现一个声音:"这群懒家伙都在偷懒,却拿着比我还要高的工资,我为什么要努力工作呢?"与此同时,这个高效员工还会受到大家的排挤,他要么被同化,要么只能选择离开。

并且,人还相当聪明,善于伪装,表面上表现得非常积极进取,实际上什么也没有做。所以,稍有不慎,企业就会出现"蝗虫"效应。如果不解决这些问题,那么组织哪来的战斗力？

因此，人的动态变化决定了组织一定要持续迭代升级，一号位必须不断检查组织内部哪些人变成了"老人"，才能避免"蝗虫"效应的扩散，持续发挥人性中善的一面。

外部矛盾：用户需求的动态变化与组织僵化的矛盾

除内部矛盾外，组织还面临着一组更致命的外部矛盾，即用户需求的动态变化与组织僵化之间的矛盾。

如今，用户需求正在以指数级速度变化，呈现出前所未有的动态变化特征。比如，消费者的注意力周期从过去的数月缩短到今天的数秒。再如，短视频平台用户的内容偏好几乎每天都在变化，平台算法需要实时调整才能保持用户黏性。当企业面对用户需求的指数级变化时，组织僵化必然会将企业推向生死存亡的十字路口。

与此同时，用户行为模式也在发生根本性转变。移动互联网的普及使得消费者可以随时随地获取信息、进行交易，他们对即时响应和个性化服务的期待值不断提升。这种变化也要求组织必须具备快速反应和灵活调整的能力。

综上，当内部矛盾和外部矛盾交织在一起，一个僵化的组织更难抵御日益升级的外部竞争。为什么今天要把组织的迭代升级常态化？因为今天所有组织都会面临两大挑战：一个是组织能不能激活内部的人；另一个是组织能不能适应外部的变化。今天，我们正处于一个高度动态变化的市场环境中，客户在变化，竞争对手在变化，这会让组织陷入"快鱼吃慢鱼"的危险之中。

因此，组织必须定期"归零"，每年进行组织的迭代升级，将组织的迭代升级变成一个动态管理体系——包括架构优化、流程优化、部门优化和岗位优化的循环迭代，最终使组织更能适应内外部环境的变化。

194

重新定义组织："1+3"模型

　　具体来说，组织的迭代升级应该怎么做呢？在经营实践的过程中，我们提炼出了一套组织迭代升级的"1+3"模型。

1个再造：从静态组织到动态组织

　　所谓"1"，即根据用户需求，每年对组织进行一次再造。按照前文所讲的架构设计—流程设计—岗位设计的顺序，对组织进行再造。大多数情况下，组织再造的结果不是增加岗位，而是精简岗位。

　　这样做的目的是什么？以用户为导向，重新审视组织设计是否合理。如果你不去做组织再造，那么随着用户需求的变化，一部分流程、部门和岗位可能根本就不创造用户价值了，而他们仍然在浪费组织的资源。因此，只有定期根据用户需求的变化来检视组织设计是否合理，才能始终保证组织的架构、流程、部门和岗位是真正地在为用户创造价值。

如何进行组织再造呢？按照组织的"顶层设计—架构设计—流程设计—岗位设计"的顺序，系统地审视组织是否匹配用户需求、能否支撑企业战略的落地。

195

- 首先，一号位要检查：你的组织架构是否符合同心圆架构？它仍然是以用户为中心搭建的组织架构吗？用户需求是不断升级的，这意味着组织也要进行相应的调整。

- 其次，当用户需求发生变化时，用户与组织的关键接触点可能也发生了变化。一号位就要思考：基于用户需求，是否需要再造企业的业务流程？是否需要再造各个部门的子流程？

- 再次，根据业务流程，一号位就可以确定：每个部门的责权利是什么？部门增加了哪些职责？减

少了哪些职责？用哪些指标去衡量部门为用户创造的价值？基于用户的需求，资源的调动应该发生哪些变化？基于用户需求的变化，对部门的利益分配应该做哪些改变？

- 最后，根据部门的职责，一号位可以倒推出：每个部门需要哪些岗位？纵向上看，这些岗位应分为几个层级？横向上看，哪几个职责可以合并成一个岗位？一共需要多少个岗位？

经过思考和审视，当我们发现某些流程、部门、岗位不再为用户创造价值时，我们就要对这些流程、部门、岗位进行合并和删减。如此一来，这个组织就从一个静态组织变成了一个动态组织，它会随着用户需求的变化而变化，成为一个真正以用户为中心的弹性组织。这就是每年进行一次组织再造的意义所在。

3维评估：愿力、能力、机会

归根结底，组织设计还是要落到具体的人上。因此，除了组织再造外，我们还要去评估每个岗位上的人是否能胜任、是否需要被激活。事实上，一个人要做成一件事，必须满足三个条件：愿力、能力和机会。因此，组织要对人才进行 3 维评估。

条件1：愿力

所谓愿力，即当组织有大目标和大责任给到他时，他愿意扛。其实，这个地方出问题的往往是老员工，老员工不一定有足够的愿力。因为当老员工的欲望被满足后，他就会失去奋斗的动力，出现"躺平"和怠惰。泰勒在研究工人的效率时发现，当工人的日工资超过 1.8 美元时，就会出现酗酒等享乐行为，这些都会严重影响工人的工作效率。此外，一个人婚前婚后、有孩子前和有孩子后的状态都会有很大的不同。特别是在一些"黑天鹅"事件的冲击下，人的心态会出现很大的变化。因此，我们要认识到人的愿力是波动的，这种波动决定了组织必须对人进行动态评估。

条件2：能力

请注意，这个能力是指完成未来新目标的能力。随着业务的升级，这个人完成现在任务的能力是够的，但未来还能胜任他的岗位吗？不一定！

举个例子：假设今年某个岗位要求的能力是完成3000万元的收入，而明年这个岗位的要求是完成5000万元的收入。那么，这个人有没有能力去完成组织给的大目标？这是一号位需要认真思考的。老船票到不了新大陆，但大多数人都会出现路径依赖。如果他还是在用过去的老办法，一定不可能完成新目标。也就是说，要完成新目标，他有什么新的策略和新的方法？这就是组织需要重新去评估的。

条件3：机会

机会是怎么来的？背后有两个重点。

第一个重点是，组织是否需要这个岗位？组织必须根据需要设置了这个岗位，才有人有机会担任这个岗位。譬如说，有总经理这个岗位，才有某个人当总经理的机会；有厂长这个岗位，才会有某个人当厂长的机会。

第二个重点是：这个人与岗位匹配吗？要不要给这个人机会？这是最难的。因为在组织当中，最难处理的就是人际关系。人非草木，孰能无情？有时候，你明知道不能再给机会了，可就是下不去手。

事非经过不知难。我至今都还记得第一次开除人的情景。这个人是我们一家下属房地产公司的工程部经理，被人举报受贿、向供应商索贿，证据确凿。经过公司高层讨论，决定开除这名经理。当时我是集团总经理，这个任务便落到了我头上。

下班后，我回到家中吃晚饭，抬起饭碗，心里却还装着这件事，实在是吃不下去。因为虽然这位经理有受贿行为，但他在公司人际关系非常好，还和我走得很近。我也非常了解他的家庭情况，心里不免为他担忧：上有父母要赡养，下有一个可爱的女儿要抚养，如果被公司开除了，那么之后他怎么找工作啊？一想到这件事，我就寝食难安。一晚上饭也吃不下，书也看不进，觉也睡不着，一直在胡思乱想：怎么解决这件事呢？能不能再给他一次机会，放他一马呢？就这样浑浑噩噩地熬了一晚上。

第二天一大早，刚到公司，我就赶紧把房地产公司的老总叫过来，并把那位经理的受贿证据拿出来，告诉他：

"他是你的部下，你去解决！"交给别人处理是因为我自己实在动不了手。

今天回过头来看，这是妇人之仁。如果当年我真的放他一马，这就是对组织最大的不负责任，最后这个组织肯定做不成事。因为一个组织要完成大目标，就必须标准清晰：什么是对？什么是错？什么事能做？什么事不能做？一旦有人触犯了底线，就必须杀伐果断。只有标准清晰，做事的速度才会快。幸好我打消了放他一马的想法，否则整个组织以后再也守不住底线，恐怕从此以后就完全"变质"了。

其实，我犯了一个典型的错误：给不给机会，不能用人情来处理，而是要用组织设计去解决。在这个案例当中，我就是掉入了"用人情来处理"的陷阱。当我陷入个人情感之中，就会做出错误的决策，伤害组织的利益。因此，机会的问题不能交给人来处理，而是要上升到组织设计层面去解决，用组织设计思维去决策。

赛马制：重新激活组织

如何用组织设计思维去解决人的问题呢？我们要建立一种人才优胜劣汰的机制——赛马制，也叫竞聘制。所谓竞聘制，即"竞争聘用"的简称，又称"竞聘上岗"，是指公司全体管理人员及关键岗位的员工要公平、公开地参加考核，依据本人意愿重新申请岗位，竞争上岗。无论职务高低、贡献大小，所有人都站在同一起跑线上，重新接受公司的挑选和任用。

也就是说，对所有关键岗位，要每年归零一次，重新竞聘上岗。以行动教育为例，每年的 12 月 31 日，所有"当官的"——从副总裁到一线主管，全部就地免职。如果你想继续"当官"，就必须重新竞选。

那么，重新竞选包括哪些环节呢？背后有两个重点。

首先，一号位要确定组织还需不需要这个岗位。

一号位需要通过组织设计，重新评估：首先，还需要这个岗位吗？如果通过前面的组织设计，我们把这个岗位砍掉了，那么这个岗位就不存在了。但我们不是针对人进行处理，而是针对岗位进行处理。譬如说，行动教育去年的 12 月 31 日还有 5 位副总裁，但经过组织设计，我们就只需要 3 位副总裁了，有 2 个副总裁岗位被裁掉了。请注意，我们不是针对某个人应该不应该当副总裁，而是这个岗位不需要那么多人了。

如此一来，一个本来很复杂的事情立马就变得简单了。在年底做预算的时候，一号位就开始分析：哪些岗位要增设？哪些岗位要坚决砍掉？所以，一号位要在竞聘之前对岗位进行深度分析，同时，一号位还要把流程、岗位的管理权和决策权收在了自己手里，把主动权掌控在自己手里。这个时候，一号位就可以通过组织设计，合并、裁撤掉多余的、不为用户创造价值的岗位。

作为一号位，你要学会用组织的力量来解决组织的问题，避免用人际关系去解决人的问题，否则你就可能陷入人际纠纷之中。甚至你哪句话可能没有说对，就让对方抓住了机会，质问"我哪里没有做好"，这样你就会陷入自证的混乱和纠缠之中。所以，一号位必须清醒地认识到：组织背后全是利益以及错综复杂的人际关系，只有利用"归零"的竞聘机制，组织才能捅掉这个复杂的"马蜂窝"。这比找"无中生有"的理由要好得多，也更容易让当事人接受。因为它不涉及个人之间的矛盾，只是因为环境变了，岗位就消失了。

其次，即便岗位还存在，那人岗是否匹配呢？

假设你已经确定要保留这个岗位，接下来就要重新定义岗位的责权利，评估人岗是否还匹配。

譬如说，总经理这个岗位今年的损益表是 2 亿元的利润，而明年这个岗位要达成 3 亿元的利润目标。那么，基于明年的目标，人岗还匹配吗？在这个岗位新要求的基础上，所有竞聘者重新竞聘上岗。以公平、公开的程序，选

拔优秀的人才到重要的岗位上去。很可能出现的情况是，有些原来在这个岗位的员工，由于愿力和能力不能满足这个岗位的新要求，无法继续获得现有岗位的机会，竞聘失败。

怎样才算竞聘成功呢？由竞选者的垂直上下级进行无记名投票，同意的票数在2/3以上算竞选成功。为了避免人际关系矛盾，所有投票要通过手机进行无记名投票，确保投票不留痕、不可追溯。并且，要将所有弃权票视为反对票。为什么要这样设计呢？一是考查竞聘者有没有赢得人心；二是考查候选人有没有愿力和能力胜任这个岗位。

此外，有些企业除了要经过上下级投票外，还要求竞聘者通过总部人才委员会的评估。这样做的目的也是通过组织设计来解决人合适不合适的问题，根据组织的需求吐故纳新，实现新的人岗匹配。

然而，今天许多企业犯的最大错误就是把人事权集中到老板手中，最终导致老板和管理层之间的矛盾冲突，也因此营造了一种以老板为中心、以领导为中心的组织氛围。实际上，做企业根本不需要这种私人关系。在一个高效的组织中，业绩就是王道。群众的眼睛是雪亮的，因此，我们要学会利用组织的力量，利用"群众"的力量，对人进行重新选择，把不合适的人请走，让真正优秀的人才能够有发挥所长的机会，实现新的人岗匹配。

如此一来，任何一个"老人"都要经过愿力、能力和机会 3 个维度的评估。并且，在竞选的过程中，从副总裁开始，每个岗位都要在去年的基础上自我加码，追求更高的目标。因为只有设定一个高远的目标，才能避免由于低目标的轻易达成而产生懈怠心理。通过组织归零，打乱过去的按部就班、论资排辈，打乱过去的人际关系，以绩效为导向重新设计组织，以此来激活组织。最终，用竞聘这种机制来挖掘出真正有愿力、有能力的高绩效人才，打破混日子、熬资历的老风气，真正做到任人唯贤，能者上，庸者下。

那我是什么时候知道组织要实行赛马制的呢？这还要回溯到 20 世纪 90 年代。

1991年，我决定创业做广告公司。此前，我曾创办过一家跆拳道馆。当我决定做广告公司时，跟着我一起打拼过的那帮兄弟们纷纷表示要跟着老师一起干。想着都是一起奋战的兄弟们，我不能亏待他们，于是给这个兄弟安排个副总裁的职位、给那个兄弟安排个总监的职位……直到所有职位都安排完了，至少也要给人安排个总裁助理的职位。最后，我们公司的总裁助理就有好几个。

真正进入到广告行业后，我发现问题来了：公司的战略目标与现有人员的匹配度出了问题。因为广告业涉及诸多专业领域，如设计、材料、绘画、文案等，而这帮兄弟们虽然占据了公司的关键岗位，但没有一个人懂专业。为了解决这个问题，我们费了很大的力气从一家公司挖来一位创意总监。这位创意总监专业能力很强，很快就让我们成功投标拿到了大客户。

正当我们欢欣雀跃之时，创意总监突然告诉我，他要离职！

听到这个消息，我百思不得其解：是职位不够高吗？

并不是，我们当时已经给了他副总裁的头衔。是工资待遇不够好吗？也不是，工资待遇都给到位了！到底哪里没做好呢？为了挽留他，我一直追到了他家里，询问他我哪里没做好。

他憋了半天，最后问了我一句话："你们是做跆拳道的还是做广告公司的？"

我不解地答道："做广告公司啊！"

他缓缓地说道："我看不像广告公司，所有核心骨干全都是做跆拳道的。你们都是外行，我有很多话无法和你们交流。"

我一下子就明白了他的想法，但又感到很为难，于是我解释道："可是，现在公司就那么一点点业务，我怎么把你分拆出去呢？剩下的这些人干什么呢？"

显然，事情无解。这位创意总监坚持要离职，自己创业。这件事对我的打击很大，成了我的一个心结。因为我知道，如果不解决这件事情，那么即便我们又引进新的人

才，还是会出现同样的问题。后来的事情果然如我所料：如果关键岗位的领导不专业，那么公司永远也留不住专业人才。我深知这件事非常致命，但一直无力解决。

一次偶然的机会，我和一位核心管理层成员一起吃饭。他向我抱怨道："我在这里很憋屈，这些人怎么都不听我的呢？"

我寻思他在这里干得也不开心，赶紧抓住时机劝他说："高教练，你原来拿过跆拳道冠军。如果你自己去开一个道馆，就能发挥出你的优势。这样多好啊！"我讲这话的本意是想测试他的想法。如果他真的想回去当教练，我就顺水推舟，劝他离开公司。

没想到，高教练误解了我的意思，赶紧表忠心道："不！老师在哪，我就在哪！"

我只能无奈地岔开话题。实际上，高教练也觉得待在这里不舒服，没有发挥出自己的特长。更可怕的是，公司里面不止一个高教练，还有许许多多像高教练一样的管理层。

怎么办？我最后就找到这个方法：赛马制。我终于下定决心，在 1993 年的 12 月 31 日，将所有关键岗位全部推倒重来：有些岗位直接被砍掉了，有些岗位需要重新竞聘。经过投票，10 个人参与竞聘，其中 8 个人没有通过，而高教练就是其中之一。

很快，高教练主动找到我说："老师，我给你丢脸了。我现在还是回去做教练吧！"这个时候，事情就好办了。试想一下：如果是我要把他推出去，那么这个难度就大了。由此可见，对人的管理要通过组织去管理，不能通过人去管理。

另一个让我记忆犹新的案例是我的亲妹妹，她通过我的关系进入了公司。进公司以后，她还想做领导。但是，按照公司的制度，每个领导者都需要竞聘上岗。

经过竞选，她没有被选上。我特意留意了一下她的票数，还差 21 票才能当选。

晚上我刚回到家，她就当着父母的面问我："哥哥，你给我投票了吗？"那一刻，我父母一下子眼神都变了，

仿佛这一票就决定了她的生死。

我缓缓答道:"我看了一下票数,你离竞选成功还差21票。你觉得我投没投这一票,能影响最终结果吗?"

听了这句话,妹妹也只能愿赌服输。

这就是组织的力量。如果没有赛马制,我妹妹要去公司"当官",妹夫也要"当官",七大姑八大姨都要"当官",那我该怎么办呢?如果没有赛马制,那么不仅仅是我妹妹,可能连我母亲都会责怪我:"难道这么大个公司,连你妹妹都安置不了吗?"事实上,这背后不是安置的逻辑,而是组织效率的逻辑,它会影响整个组织的文化体系,影响组织的整体竞争力。归根结底,组织的效率一定来自于人的精准适配。

因此,找到了这个方法后,我每年都会对组织进行迭代升级。目前,行动教育只有3个副总裁。接下来,我还会继续精简集团总部的组织架构,通过组织的"顶层设计—架构设计—流程设计—岗位设计",让组织更加精简,真正实现轻、薄、智、快,更加高效地直达用户,更好地应对今天企业面临的经营挑战。

在组织这个问题上，一号位要永远战战兢兢、如履薄冰。只有不断通过组织的迭代升级，打破"干部终身制"，激活人才，让所有组织成员能上能下、能进能出，才能解决人岗错配的问题，实现组织正常的新陈代谢。只有持续地吐故纳新，不断地吸纳新鲜血液，组织才能真正实现人才辈出，才能真正享受"组织之利"，远离"组织之害"。